Erich Honecker

Letzte Aufzeichnungen

Mit einem Vorwort von Margot Honecker

edition ost

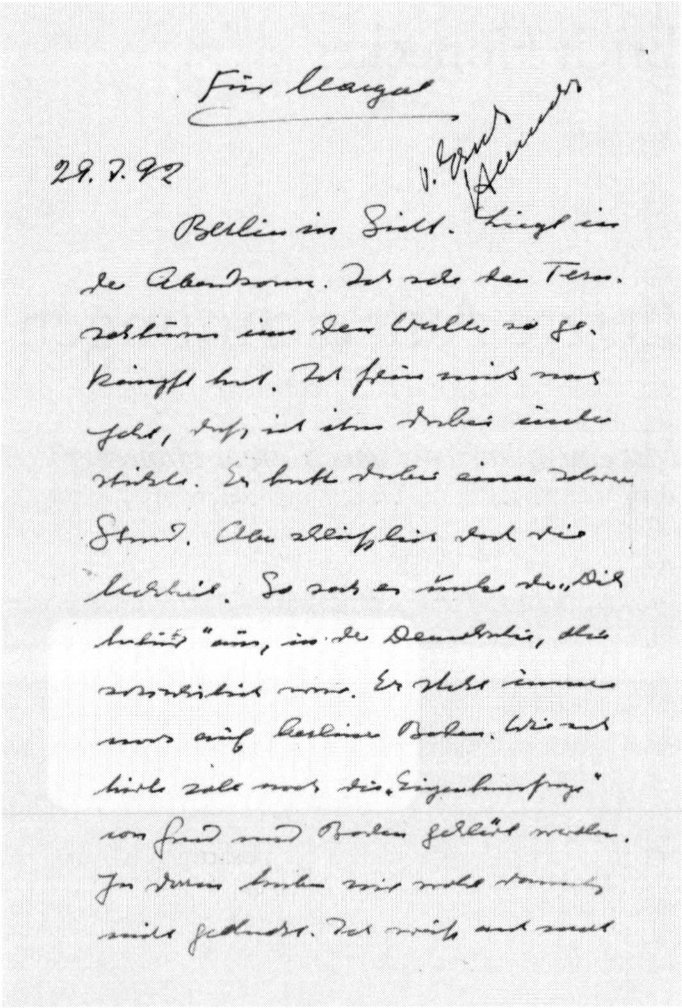
Für Margot

29.7.92

v. Erich Honecker

Berlin in Sicht. Liegt in der Abendsonne. Ich sehe den Fernsehturm, um den Walter so gekämpft hat. Ich freue mich noch jetzt, daß ich ihn dabei unterstützte. Er hatte dabei einen schweren Stand. Aber schließlich doch die Mehrheit. So sah er unter der „Diktatur" aus, in der Demokratie, die sozialistisch war. Er steht immer noch auf Berliner Boden. Wie ich hörte soll noch die „Eigentumsfrage" von Grund und Boden geklärt werden. An dessen hatten wir wohl damals nicht gedacht. Ich weiß auch noch

Das erste Blatt der Aufzeichnungen

Das Buch

Das Manuskript, etwa 400 handschriftliche Seiten, befand sich im Besitz von Margot Honecker. Die Aufzeichnungen entstanden in der fünfeinhalb Monate währenden Haft in Berlin-Moabit. Sie sind sowohl Berichte vom Tage, Repliken auf Zeitungsbeiträge, Reaktionen auf den Prozess sowie auf medizinische Untersuchungen. Auf einer dritten Ebene hält der Autor gleichsam Zwiesprache mit seiner Frau, die zu jener Zeit schon in Chile lebt.
Die Tagebuchaufzeichnungen sind ein zunächst privates, aber durchaus allgemeines zeitgeschichtliches Zeugnis. Sie geben Auskunft über das Innenleben eines ehemaligen Staatsmannes, der, schon todkrank, von einer gnaden- und seelenlosen Justiz zu Tode gehetzt werden soll.
Nach fast zwei Jahrzehnten sind viele Namen und Zusammenhänge auch geschichtskundigen Lesern kaum noch präsent. Sie werden in ausführlichen Anmerkungen erläutert.

Der Autor

Erich Honecker (1912-1994), geboren und aufgewachsen in Neunkirchen im Saarland in einer Bergarbeiterfamilie. Mit 10 wurde er Mitglied der Kommunistischen Kindergruppe, mit 14 des Kommunistischen Jugendverbandes (KJVD), mit 17 der KPD. Besuch der Leninschule in Moskau 1930/31. Antifaschistischer Widerstand, Haft von 1935 bis 1945. Nach dem Krieg Mitbegründer der Freien Deutschen Jugend (FDJ) und dessen Vorsitzender bis 1955. Besuch der Parteihochschule in Moskau bis 1957. Nach seiner Rückkehr Mitglied des Politbüros und ZK-Sekretär. 1971 Erster, ab 1976 Generalsekretär des ZK der SED, Vorsitzender des Staatsrates und des Nationalen Verteidigungsrates bis zum 18. Oktober 1989. Von Moskau im Sommer 1992 ausgeliefert, 169 Tage U-Haft in der JVA Berlin-Moabit, Ausreise nach Chile am 13. Januar 1993. Dort verstorben am 29. Mai 1994.

Vorwort

Von Margot Honecker

Lange habe ich gezögert, diese letzten Aufzeichnungen Erich Honeckers aus der Hand zu geben. Sie sind stellenweise wie in einem vertrauten Gespräch mit mir und der Familie geschrieben. Ich meinte, dass man Privates, etwas, das auch Empfindungen offenbart, besser im privaten Raum belassen sollte.

Mein Mann begann mit diesen Aufzeichnungen mit dem Tag seiner Einlieferung ins Gefängnis Moabit. Er schrieb auf Anraten seines Verteidigers Friedrich Wolff eine Art Tagebuch, das auch Aufschluss geben sollte über den Prozess. Er hatte keine Schreibmaschine, er schrieb mit der Hand. Mit dem Fortschreiten seiner Krankheit schwanden seine Kräfte, wurde seine Schrift immer schwerer lesbar. Seine Gedanken sprangen auch. Manches blieb fragmentarisch, und einige Bemerkungen sind nur mit der Hetze, dem enormen Druck, der auf ihm lastete, zu erklären.

Nach den ersten ärztlichen Untersuchungen in Berlin war ihm gesagt worden, dass der bösartige Tumor in der Leber sich aggressiv weiterentwickelte. Erich Honecker wollte sich mit der ihm verbliebenen Kraft und Lebenszeit vor allem auf den Prozess konzentrieren.

Wenn ich mich, auch dem Rat guter Freunde folgend, nun doch entschloss, die Aufzeichnungen der Öffentlichkeit zugänglich zu machen, so deshalb, weil sie nicht nur einen wahrhaften Einblick geben in einen kurzen Lebensabschnitt im kämpferischen Leben Erich Honeckers, sondern auch in einen in der deutschen Geschichte schwerwiegenden Zeitraum. So könnten die Aufzeichnungen hilfreich sein in der politischen Auseinandersetzung mit der Geschichte, indem sie einige Wahrheiten ins Licht rücken inmitten der Lügen, Fälschungen und Verleumdungen, die nun schon seit über zwei Jahrzehnten verbreitet werden. Und alles deutet darauf hin, dass auch weiterhin Heerscharen aufgeboten werden, geschichtliche Wahrheiten unter den Teppich zu kehren, den Sozialismus zu diskreditieren, Kommunismus und Kommunisten zu verteufeln. Nichts ist dieser herrschenden Klasse in ihrem Selbsterhaltungswahn heilig, sie kennt keine ethischen Normen, ihre Hassgesänge entspringen nun mal ihrer Klassenmoral. Unsere Gegner agieren so, weil sie nicht akzeptieren können, dass eine andere Gesellschaft als die, in der wir zurzeit leben, nötig und möglich ist. Sie können nicht verzeihen, dass eine andere Gesellschaft als die ihre auf deutschem Boden errichtet wurde, die immerhin 40 Jahre existierte und in dieser Zeit ihre Herrschaft über ganz Deutschland verhinderte.

Jene, die in den Diensten des zeitweilig über den Sozialismus triumphierenden Kapitalismus stehen, von geschichtlichen Wahrheiten überzeugen zu wollen, ist vergebliche Mühe und nicht mein Anliegen. Mir begegnen immer wieder Menschen, vor allem jüngere, die nachdenklich geworden sind, ob diese kapitalistische Gesellschaft eine Zukunft hat. Es sind Menschen, die sich historischen Wahrheiten nicht verschließen.

Zum Nachdenken anregen könnten auch diese Aufzeichnungen, die aus Anlass des bevorstehenden 100. Geburtstages Erich Honeckers erscheinen. Seinen 80. Geburtstag verbrachte er in Moabit. Damals wurde seine schwere Erkrankung öffentlich. Ich rief von Chile aus zur Solidarität mit meinem Mann auf und erklärte: »Ich bin mir sicher, mein Mann wird, so lange er lebt, nicht nur sich und seine Genossen verteidigen, sondern auch das Unrecht anklagen, das zehntausendfach den Bürgern der DDR angetan wurde, indem man aus der demokratischen, friedlichen Wiedervereinigung eine Okkupation der DDR machte.«

Ich habe mich in diesem Urteil nicht geirrt.

Die Aufzeichnungen enthalten Fakten und Hinweise, die den politischen Prozess gegen Honecker und Genossen in Erinnerung rufen. Es ging dabei nicht um Juristisches, nicht um Personen: Es ging um Politik.

Nachdem das kapitalistische Deutschland das sozialistische Deutschland unterworfen hatte, demonstrierte der kapitalistische Staat, wie er mit Menschen umzugehen gedenkt, die eine andere als diese Gesellschaft wollen. Warum sonst fanden Ermittlungsverfahren und Prozesse statt gegen Grenzsoldaten, Juristen, Angehörige des MfS, Sportler und andere Personen, die der DDR dienten? Gegen mehr als 100.000 Bürger der DDR wurden Beschuldigungen erhoben, rund 85.000 juristische Verfahren wurden eingeleitet, von denen die meisten im Sande verliefen, die aber die betroffenen Familien oft ins Unglück stürzten. Auch wenn man es nicht wahrhaben wollte – und es waren damals viele, die durch die konterrevolutionären Ereignisse irritiert waren –, bleibt es eine unbestreitbare Tatsache, dass die juristische Verfolgung eine politische Abrechnung der BRD mit der DDR darstellte. Der Kapitalismus maßte sich an, über den Sozialismus zu Gericht zu sitzen.

Die herrschende Politik tat und tut alles, um diese gesellschaftlichen Zusammenhänge zu verschleiern und zu leugnen. Nicht alle ließen sich beirren, Klardenkende sahen diese Zusammenhänge. Auch im bürgerlichen Lager gab es Persönlichkeiten, die die Prozesse kritisch verfolgten. Günter Gaus, einst Ständiger Vertreter der BRD bei der DDR, verstand sich als radikaler Demokrat. Er glaubte an diese Ordnung und vertrat sie mit Überzeugung. Als Honeckers Prozess endete, schrieb Gaus, dem dieser gesellschaftliche Kontext sehr bewusst war, am 22. Januar 1993: »Der Wille, die DDR-Geschichte juristisch aufzuarbeiten, hatte die unvermeidliche Zuspitzung auf Totschlag zur Folge. Der Prozess setzte erstens voraus, dass Honecker die Mauer allein und aus Böswilligkeit gebaut hatte und also anzuklagen sei. Das ist geschichtslos. Wahr ist, an der Elbe 1961 existierte tatsächlich die gefährlichste Militärgrenze der Welt. Dass Honecker das auch gesagt hat, macht ja noch nicht, dass es falsch ist. Und es ist auch wahr, der

Kalte Krieg wurde 1961 von beiden Seiten heftig geführt und hatte eine Zuspitzung erreicht, dass die Alliierten – wie an ihrem Verhalten abzulesen – ganz froh waren über den Bau der Mauer.«

In einem anderen, früheren Text hieß es dazu bei Gaus: »Lag nicht doch Krieg auf den Straßen von Berlin am damaligen 13. August? Und falls er drohte – und alle Welt meinte, er drohe –, war dann der Mauerbau ein unverhältnismäßiges Mittel zu seiner Verhinderung?«

Gaus warf die Frage nach der Mitverantwortung der Bundesrepublik auf und meinte darum in jenem Beitrag zum Ende des Honecker-Verfahrens, dass »wirkliche Schuld« erst noch verhandelt werden müsse. »Ich denke aber, dass der Bau der Mauer der falsche Punkt ist. Denn es hat, zweitens, keinen Sinn, so zu tun, als sei die DDR eine abtrünnige Provinz der Bundesrepublik gewesen. Es gab zwei voneinander unabhängige deutsche Staaten, von der ganzen Welt anerkannt.«

Über zwei Jahrzehnte sind vergangen. Es braucht seine Zeit, bis die Wahrheit sich durchsetzt. Ein ungetrübter Blick auf Vergangenheit und Gegenwart wird verhindert durch den Nebel, den die herrschende Politik über den tatsächlichen Verlauf der Geschichte verbreitet. Tatsachen lassen sich aber nicht auf Dauer leugnen.

Tatsache bleibt: So lange das sozialistische Deutschland existierte, gab es keinen rabiaten Sozialabbau. So lange das andere Deutschland existierte, wurde Deutschland daran gehindert, seine Söhne wieder in Kriege zu schicken.

Heute gibt es wieder ein kapitalistisches Großdeutschland, das seinen Nachbarn und der Welt erneut Unbehagen einflößt in seinem Streben nach Vorherrschaft. Unbehagen nicht zuletzt auch deshalb, weil schon wieder Nazis ihr Unwesen treiben können. Die Wurzeln des Faschismus wurden in der alten BRD nie ausgerottet. Und sie werden mit der blindwütigen Diskreditierung des Sozialismus, dem törichten unheilvollen Antikommunismus, wiederbelebt.

Ein ungetrübter Blick auf unsere Geschichte, auf die Vergangenheit und auf die Gegenwart sollte nachdenklich machen, Nachdenken befördern, Schlussfolgerungen für Gegenwart und Zukunft liefern.

Erich Honecker hielt an der Überzeugung fest, dass auch in Deutschland erneut gesellschaftliche Kräfte auf den Plan treten werden, die andere Verhältnisse erstreiten werden. Obgleich schwerkrank, ist er bis zum Ende seines Lebens für seine Überzeugung eingetreten.

Auch davon sprechen diese Aufzeichnungen.

Margot Honecker,
Santiago de Chile, Dezember 2011

Die JVA Berlin-Moabit

29. Juli 1992

Berlin in Sicht. Die Stadt liegt in der Abendsonne. Ich sehe den Fernsehturm, um den Walter so gekämpft hat.[1] Ich freue mich noch immer, dass ich ihn dabei unterstützte. Er hatte dabei einen schweren Stand. Aber schließlich doch die Mehrheit.

So sah es unter der »Diktatur« aus, in der Demokratie, die sozialistisch war.

Der Turm steht immer noch auf Berliner Boden. Wie ich hörte, soll noch die »Eigentumsfrage« von Grund und Boden geklärt werden.[2] Ja, daran haben wir wohl damals nicht gedacht. Ich weiß auch nicht, wem er gehört. Früher gehörte er dem Volk.

Die Landung in Tegel war gut. Die Aufnahme korrekt. Der Leitende der Aktion Sicherheit stellte sich vor. Er hatte alles im Griff.[3]

Noch im Flugzeug erfolgte eine ärztliche Untersuchung: Herz/Lunge o.k., Blutdruck 90/180, Puls 130.

Danach ging im Mercedes die Fahrt nach Moabit.[4] Am Straßenrand stehen Menschen, ich sehe Transparente, rote Fahnen, höre Rufe von Freund und Feind. Die freundlichen Worte überwiegen. In der Turmstraße[5] großer Empfang, Rufe von unseren Berlinern. Tor auf – wir sind auf dem Hof des Haftkrankenhauses.

Im Krankenhaus erfolgt die Einkleidung. In der U-Haft hat man ja das Recht auf eigene Kleidung.

Um meine Bilder muss ich kämpfen. Zwei Fotos von den Enkeln hat man mir abgenommen.

Bin mit einem Sinto in der Zelle. Wir verstehen uns gut. Das Einschlafen fiel mir schwer. Ich habe noch eine Tablette genommen. In Zukunft wird dies wohl wegfallen.[6]

1 Diese Anspielung auf den Berliner Fernsehturm – mit 368 Metern das höchste Bauwerk Deutschlands – ist mehrdeutig. EH könnte damit dessen Platzierung gemeint haben. Ursprünglich sollte der Turm an der Peripherie der Stadt bei Köpenick in den Müggelbergen errichtet werden, wovon aber wegen der Nähe des Flughafens Schönefeld Abstand genommen wurde. Dann sollte er im Volkspark Friedrichshain entstehen. Walter Ulbricht pflanzte aber den Turm in die Mitte der Stadt, die seit Beginn der 60er Jahre umgestaltet wurde. Baubeginn war der 4. August 1965, am 3. Oktober 1969 erfolgte anlässlich des 20. Jahrestages der DDR die Eröffnung. Honeckers Anspielung kann aber auch den Querelen während des Baus gegolten haben. Es gab bekanntlich keine Grundsteinlegung, weil der Ministerrat wegen des fehlenden Kostenplanes keine Baugenehmigung erteilt hatte. Allerdings wurde bereits kräftig an den Fundamenten gearbeitet, weshalb Gerhard Kosel als Bauleiter abgelöst wurde. Das ganze Hickhack verzögerte die Fertigstellung um ein Jahr, und statt der vorgesehenen 33 Millionen kostete der Fernsehturm am Ende rund 100 Millionen DDR-Mark. Darin eingeschlossen sechs Millionen Mark für Entschädigungen und den Kauf von Grundstücken. Insofern hatte der *Spiegel* am 18. Juni 1990 nur im Prinzip, nicht aber in jedem Detail recht, als er unter der Überschrift »Ein Land wird verteilt« behauptete: »Alte Eigentümer melden Rechte auf Besitz an, der sich in 40 Jahren völlig verändert hat: Handwerksbetriebe sind verschwunden, mittelständische Fabriken Bestandteil von Kombinaten geworden, auf enteignetem Grund stehen der Ost-Berliner Fernsehturm, das Außenministerium der DDR und … «

2 Betreiber und Eigentümer der Anlage ist die Deutsche Funkturm GmbH (DFMG) mit Sitz in Münster, ein Tochterunternehmen der Deutschen Telekom AG. Der Turm gehört zur *World Federation of Great Towers*. Laut einer jährlich durchgeführten Umfrage des Deutschen Tourismusverbandes zählt der Berliner Fernsehturm mit jährlich rund einer Million Besucher zu den 15 beliebtesten Sehenswürdigkeiten Deutschlands.

3 Am Mittwoch, dem 29. Juli 1992, war Erich Honecker auf Betreiben der russischen Führung um Präsident Boris Jelzin an Deutschland ausgeliefert worden. Er wurde mit einer deutschen Maschine ausgeflogen. Sein Rechtsanwalt Friedrich Wolff erinnerte in seinen Memoiren an die Hysterie, die Honeckers Ankunft begleitete, sie glich der »Berichterstattung von großen Sportereignissen«. »Besonders die Landung der Maschine mit Erich Honecker an Bord und die Fahrt mit dem Gefangenen durch Berlin waren Höhepunkte, die bekannte Fernsehjournalisten wie Pleitgen und Engert mit triumphierendem Unterton dem Millionenpublikum live kommentierten. Sieg auf der ganzen Linie. […] Erich Honecker, so hatte es geheißen, wäre nach Moabit gebracht worden, also musste auch ich dorthin. Im Gegensatz zu meinem Mandanten war ich dort noch nie zuvor gewesen. […] Meine Frau fuhr mit mir gegen 21 Uhr

nach Moabit. Vorm Tor drängten sich Neugierige, Journalisten, TV-Kamerateams und Polizisten. Scheinwerfer beleuchteten eine Szene, auf der sich nichts tat. Vor einer kleinen Pforte in der Mauer der JVA an der Rathenower Straße standen einige Polizisten, aber keine Zuschauer. Ich hoffte, dass sei ein Einlass, durch den ich unbeobachtet zu meinem Mandanten gelangen könnte. Die Beamten schauten mich ob meines Begehrs verständnislos an und verwiesen mich auf den belagerten Haupteingang in der Straße Alt-Moabit. Wir gingen an der Gefängnismauer entlang darauf zu. [...] Die Beamten wiesen mich jedoch mit dem Bemerken zurück, außerhalb der offiziellen Dienstzeiten würde ich für den Einlass eine Genehmigung der Justizsenatorin benötigen. Irgendwie ähneln sich alle diese Institutionen. Es war inzwischen gegen 21.45 Uhr, und ich besaß den notwendigen Schein nicht. Also kehrte ich um. Wenigstens hatte ich versucht, meine Pflicht zu erfüllen. Nach wenigen Schritten des Rückwegs kam der Ruf aus der Menge: ›Da ist er ja!‹ Die Gruppe, etwa 50 Personen schätze ich, begann mir nachzulaufen. Einige Journalisten kamen mir entgegen, um dann im Rückwärtsgang mich mit ihren Scheinwerfern aus wenigen Schritten Entfernung zu blenden, zu filmen und zu fotografieren, mir ein Mikrofon unter die Nase zu recken und Fragen im Stakkato zu bellen. Die Leute skandierten im Sprechchor ›Stasi raus!‹. Ich dachte an Mielke, der hinter dieser Mauer saß, und fand den Ruf nun komisch. Doch die Meute schien keinen Sinn für Humor zu haben. Sie sah auch nicht vertrauenerweckend aus. Ich fühlte mich nicht als Held, dachte aber, wenn die mich verprügeln, unterstreicht das unsere Argumentation, dass ein rechtsstaatliches Verfahren heute und hier nicht möglich sei. Außerdem vertraute ich noch auf die Polizisten in der Nähe. Ein hochgewachsener, kräftiger Mann neben mir erklärte mir, er hätte in der MfS-Haftanstalt in Pankow gesessen. Ich erwiderte, dass ich dort viele Mandanten gehabt und verteidigt hätte. Eine Journalistin fragte mich mit vorgehaltenem Mikrofon, ob ich Honecker für unschuldig halte. Mit der unfreundlichen Begleitung an meiner Seite und im Rücken bejahte ich das.« Die Ankunft in Moabit ist zu sehen unter: *http://www.myvideo.de/watch/5885126/Erich_-Honecker_29_07_1992_Ankunft_in_Berlin_Moabit*

4 In Berlin-Moabit befindet sich die Untersuchungs- und die Justizvollzugsanstalt, die Ende des 19. Jahrhunderts errichtet wurde. Dort waren inhaftiert Leo Jogiches, Karl Liebknecht, bei den Nazis Georgi Dimitroff, Ernst Busch, Ernst Thälmann und auch Erich Honecker

5 Über die Turmstraße gelangt man zu UHA und JVA.

6 Friedrich Wolff: »Zeitungen titelten am nächsten Tag salopp: ›Das haste nicht gedacht‹ und: ›Honecker musste Hosenträger und Schnürsenkel abgeben‹. Der historischen Wahrheit zuliebe: Honecker trug keine Hosenträger.«

30. Juli

Nach dem Frühstück – mein Sinto versorgt mich wie einen guten Freund –, kommt das Geburtstagskind (70 Jahre) Dr. Friedrich Wolff. Kurze Information und Verständigung. Dann Landgericht Berlin, im Saal 500 Verlesung des Haftbefehls.[1] Ich erkläre, dass ich heute dazu keine Bemerkungen habe. Ende.

Danach zum Amtsgericht Tiergarten im gleichen Gebäude in einem anderen Saal. Verzichte in Anwesenheit von Dr. Wolff auf Verlesung des Haftbefehls. Eine Komödie. Mit den Preisen in der HO-Wandlitz habe ich nie etwas zu tun gehabt.[2] Der Haftbefehl wird mir ausgehändigt. Habe auch dazu keine Bemerkung gemacht.

Wir stellen fest, dass man mir im Landgericht den falschen Haftbefehl ausgehändigt hat und kehren darum zum Saal 500 zurück.[3]

Nach 57 Jahren sehe ich den Komplex Moabit also wieder von innen. Weihnachten 1935 hatte mich die Gestapo aus ihrer Zentrale in der Prinz-Albrecht-Straße hierher gebracht.[4] Anderthalb Jahre war ich damals hier in Untersuchungshaft. Für wie lange wird es diesmal sein?

Es sind dieselben Flure und die gleichen Gänge. Ich habe noch die Rufe von damals im Ohr: »G 3 zur Vernehmung!« Später saß ich dem Untersuchungsrichter des »Volksgerichtshofes« Hans-Joachim Rehse[5] gegenüber. Er fällte über zweihundert Todesurteile gegen Antifaschisten. Dafür wurde er in den späten 60er Jahren vom Berliner Landgericht wegen Beihilfe zum Mord verurteilt, doch der Bundesgerichtshof hob das Urteil mit der Begründung auf, Rechtsbeugung sei nicht nachweisbar. »Eine Krähe hackt der anderen kein Auge aus«, sagten wir damals, als die Entscheidung von Karlsruhe uns in der DDR erreichte. Der Mörder Rehse starb unmittelbar nach seinem Freispruch.

Seite aus Honeckers holländischem Reisepass, ausgestellt am 22. Januar 1934 für den Seemann Marten Tjaden. Rechts unten die Ausreise aus der Tschechoslowakei am 20. November 1935. Am 4. Dezember, zwei Wochen später, wurde er in Berlin verhaftet und Weihnachten nach Moabit überstellt

Nicht ein Nazirichter wurde damit rechtskräftig in der Bundesrepublik verurteilt. Nicht einer.

Und diese Justiz wird nun über mich und meinesgleichen zu Gericht sitzen.

1 Der Haftbefehl lautete auf 49-fachen Totschlag. Die Anklageschrift umfasste 783 Seiten und war am 15. Mai 1992 vorgelegt worden.
2 Der zweite Haftbefehl lautete auf Veruntreuung öffentlicher Gelder zur Versorgung der Funktionärssiedlung Wandlitz.
3 Richter Hansgeorg Bräutigam hatte Honecker einen falschen Haftbefehl übergeben. Im Protokoll hieß es dazu: »Ihm wurde im Austausch gegen den Haftbefehl des Amtsgerichts Tiergarten vom 30.11.1990 – 351 Gs 4764/90 – nunmehr der Haftbefehl des Amtsgerichts Tiergarten vom 2.12.1991 – 351 Gs 5948/91 durch Aushändigung einer Ablichtung verkündet.«
4 Der 23-jährige Honecker war am Morgen des 4. Dezember 1935 vor seiner Wohnung in der Brüsseler Straße in Berlin-Wedding von der Gestapo verhaftet worden. Er war seit dem Sommer in Berlin und sollte im Auftrag der nach Prag exilierten Führung des Kommunistischen Jugendverbandes den antifaschistischen Widerstand der Jungkommunisten in der Reichshauptstadt organisieren. Die illegale Bezirksleitung Berlin-Brandenburg, an deren Spitze Honecker stand, flog auf, acht Mitglieder wurden verhaftet, am Ende drei verurteilt. Honecker war zunächst im Gestapo-Hauptquartier in der Prinz-Albrecht-Straße und in der Kaserne der SS-Leibstandarte »Adolf Hitler« in Tempelhof vernommen worden. Die dort erfahrenen »physischen und psychischen Torturen der Gestapobeamten« hätten sich »während meiner fast zehnjährigen Inhaftierung so nicht wiederholt«, sagte Honecker später. Diese Erfahrung habe er nie vergessen.
5 Der Jurist Hans-Joachim Rehse (1902-1969), Mitglied der NSDAP seit 1933, begann im Frühjahr 1934 seine Tätigkeit am »Volksgerichtshof«. Als beisitzender Richter neben den Vorsitzenden Richtern Otto Georg Thierack und später Roland Freisler im 1. Senat des Volksgerichtshofs wirkte er seit 1941 an mindestens 231 Todesurteilen mit. 1963 lehnte es das Oberlandesgericht München ab, Rehse anzuklagen. Man könne ihm nicht nachweisen, dass er mit bestimmtem Vorsatz das Recht gebeugt und Verbrechen wider das Leben begangen habe. Überraschend verurteilte hingegen das Landgericht (West-)Berlin Rehse 1967 wegen Beihilfe zum Mord in drei Fällen und wegen Beihilfe zum versuchten Mord in vier Fällen zu fünf Jahren Zuchthaus. Dieses Urteil hob der 5. Strafsenat des BGH jedoch auf und verwies zur Neuverhandlung an das Landgericht, welches Rehse nunmehr nicht unerwartet freisprach. Die von Rehse auf die zum Tode Verurteilten angewandten Strafbestimmungen (des Hitlerreiches) seien rechtsgültig gewesen, lautete die Begründung.

31. Juli

Mein Sinto muss umziehen. Wir sind sprachlos. Höhere Gewalt. Ich bedauere die Trennung. Er war ein Mann mit vielen Erfahrungen und Kenntnissen. Die Sinti hatten und haben es immer schwer. Eine Überraschung: Er kennt Rechtsanwalt Becker[1]. Jetzt harre ich der Dinge, die heute kommen sollen. Alles andere liegt ja in der Zukunft.

Gestern hatte ich das Glück, nach so langer Zeit Erich Mielke[2] zu sehen. Eine Krankenschwester begleitete ihn beim Rundgang auf dem Hof. Ich rief ihn von oben an. Keine Reaktion.

Ich nochmals: »Erich!« Diesmal mit »Rot Front!«, dass es über den ganzen Hof schallte.

Wieder nichts. Keine Kopfbewegung, kein suchender Blick. Offensichtlich wollte er nicht reagieren. Ich kann und will nicht glauben, dass er so fertig ist.

Am Nachmittag kommt Rechtsanwalt Becker. Wir besprechen etwa ein Dutzend Themen, die meine unmittelbare Situation betreffen.

1. Verbindung mit meiner Frau
2. meine Rente[3]
3. mein Konto[4]
4. unsere Sachen aus der Hütte
5. Jagdwaffen und zwei -fahrzeuge
6. Telefonat mit Manfred und Erika[5]
7. kein Buch
8. Bilder der Enkel
9. mein Lebenslauf in den Gestapo-Akten.

Zum Prozess:

Wie kam es zur Spaltung Deutschlands?

Wie kam es zur Mauer?

Chronologie der Reisepläne und -absagen in die BRD. Gorbatschow 1984 und 1986/87 dagegen.

Anmerkungen

1 Der Rechtsanwalt Nicolas Becker übernahm in der Zeit des Aufenthalts von Erich Honecker in Beelitz vom 3. April 1990 bis zum 13. März 1991, in der Obhut der sowjetischen Streitkräfte, dessen Rechtsvertretung. Die Generalstaatsanwaltschaft der DDR hatte am 8. August 1990 ein Ermittlungsverfahren wegen Mordes eingeleitet. »Statt ›Machtmissbrauch‹ hieß es nun ›Schießbefehl‹«, erklärte Rechtsanwalt Wolff und versicherte sich der Mitwirkung seiner (West-)Berliner Kollegen Wolfgang Ziegler und Nicolas Becker. Strafverteidiger Becker, Jahrgang 1946, hatte in den 70er Jahren mehrere Mitglieder der RAF vor Gericht vertreten. Friedrich Wolff bezeichnete im Januar 2012 Honecker als einen »wunderbaren Mandanten«: Er habe alle ihre Ratschläge befolgt und nie Forderungen erhoben. Die Gespräche mit ihm seien stets in einem Besucherraum außerhalb des Haftkrankenhauses erfolgt. Dorthin wurde er von einem Beamten begleitet, wobei dieser nicht wie ein Wächter neben ihm schritt, sondern ihn wie eine Ehreneskorte geleitete. Honecker wäre immer in Anzug und Schuhen zum Gespräch erschienen, er habe sich weder bemitleidet noch irgendwie gehen lassen. Weinausbrüche, wie sie Wolff bei anderen Mandanten erlebte, gab es bei Honecker nicht. Er ging aufrecht, war stets kontrolliert und korrekt, was wohl seinem Wesen entsprach. Honecker spielte nicht den starken Mann, er war es. Trotz Krankheit. Vor allem habe Honeckers exzellentes Gedächtnis beeindruckt. Er nannte Namen von Diplomaten im Dutzend, von denen er, Wolff, sich nicht einen einzigen hätte merken können.

2 Erich Mielke (1907-2000), Minister für Staatssicherheit von 1957 bis 1989, seit 1971 Kandidat, seit 1976 Mitglied des Politbüros, wurde am 7. Dezember 1989 wegen des Vorwurfs, er habe die DDR-Volkswirtschaft geschädigt, verhaftet. Nach vier Monaten war der 82-Jährige aus gesundheitlichen Gründen aus der U-Haft entlassen und im Juli 1990 in Hohenschönhausen neuerlich inhaftiert worden. Der Vorwurf lautete diesmal Planung von Isolierlagern für Regimegegner und Aufnahme von RAF-Terroristen. Mielke wurde am 4. Oktober 1990, am Tage nach Herstellung der deutschen Einheit, nach Moabit verlegt. Als Honecker den nunmehr fast 84-Jährigen aus der Ferne sah, befand sich dieser bereits seit über zwei Jahren in Haft.

3 Nach Verlassen der Bundesrepublik am 31. März 1991 hatte die Rentenversicherung die Zahlung der Altersrente von Margot und Erich Honecker sowie dessen Ehrenpension eingestellt, ohne darüber amtlich informiert zu haben. Die Anwälte legten dagegen Rechtsmittel ein und erhielten am 25. Juli 1991 einen Bescheid, der sich auf eine DDR-Bestimmung stützte, wonach Renten nach illegaler Ausreise (aus der DDR) nicht mehr gezahlt würden. Honeckers klagten dagegen vor dem Sozialgericht, vor dem Landessozialgericht, vor dem Bundessozialgericht. Am 27. Februar 1997 – da war Honecker bereits seit fast drei Jahren tot – ging das Urteil des BSG den Klägern zu. RA Wolff: »Wegen des Aufent-

halts in Moskau und der Fortgeltung des DDR-Rechts werde für die Zeit vom 1. August 1991 bis zum 31. Dezember 1991 keine Altersrente gezahlt, und seit 1. August 1991 gäbe es wegen Unwürdigkeit auch keine Ehrenpension mehr. Gegen dieses Urteil legte ich mit geringer Hoffnung auf Erfolg Verfassungsbeschwerde ein. Am 3. August 1999 notierte ich in mein Tagebuch: ›Die Verfassungsbeschwerde von MH (Margot Honecker) wegen der Versagung der Altersrente in der Moskauer Zeit ist als unzulässig abgelehnt worden. Die Urteile hätten als Anlage bei Fristablauf gefehlt und aus der Begründung hätte sich nicht der wesentliche Inhalt der Urteile ergeben. Das nach zweieinhalb Jahren! Wir hatten die Beschwerde ohne Anlagen am 25.3.97 gefaxt, die Schrift mit Anlagen spätestens am 26.3. zur Post gegeben. Angeblich ist sie erst am 1.4. (Fristablauf 27.3.) eingegangen. […] Die Alters- und Hinterbliebenenrente für Margot Honecker wird mit jenen Abstrichen gezahlt, die sich aus den im Volksmund als ›Rentenstrafrecht‹ bezeichneten Bestimmungen gegen ehemalige DDR-Bürger, die ›staatsnah‹ waren, ergaben.«

4 Honeckers Konto bei der Sparkasse mit der Nr. 6652-48-10537 wurde durch den Generalstaatsanwalt der DDR am 5. Dezember 1989 gesperrt. Nach der Währungsunion belief sich das Guthaben auf 108.965,32 DM, heute etwas mehr als 50.000 Euro. Dieses Konto ist übrigens noch immer gesperrt.

5 Honeckers Schwager Manfred Feist und Erika Wildau, Tochter aus Honeckers erster Ehe

1. August

In der Nacht habe ich schlecht geschlafen. Ich soll im Haus verlegt werden. Die andere Zelle soll besser und sicherer sein.

Der Rundfunk meldet, dass Margot nach 30 Stunden Flug in Santiago de Chile eingetroffen sei.[1] Wegen Nebels habe die Maschine nicht landen können und musste nach Argentinien zurückkehren. Sie sei von Sozialisten begrüßt worden. Die Nachricht von der glücklichen Landung ist eine Erlösung für mich.

In Deutschland wird die Hetzjagd gegen Dich, meine Kleine, fortgesetzt. Das schmerzt. So ist es mit dem »Vermächtnis der Widerstandskämpfer«, auf dem – wie ich den Erklärungen zum 20. Juli entnahm – die BRD ruht. Sie ruht bis jetzt, wie die Dinge zeigen, noch auf dem alten antikommunistischen Fundament. Deine Leistungen in der Illegalität, als andere braun waren und ihren »Führer« liebten, der die Juden unterdrückte, sie vergaste – ob Kind, ob Greis –, das alles ist vergessen und zählt nicht mehr. Deine Leistungen als Pionierleiterin über ein Jahrzehnt, die antifaschistische Erziehung der Jugend nach 1945, als Ministerin für Volksbildung: Das interessiert nicht.[2] Stattdessen krähen sie von Zwangsadoptionen und anderen Dingen, derer Du Dich angeblich schuldig gemacht hast.

Die Justiz der BRD hat kein Recht, über Dich, die Du Deinem Staat treu und erfolgreich gedient hast, zu Gericht zu sitzen.[3] Wir haben den deutschen Militarismus wohl doch nicht überzeugend genug dargestellt. Aber die Erfahrungen jetzt mit ihm zeigen, dass wir ihn richtig eingeschätzt hatten. Bin gespannt, was das »Komitee für Gerechtigkeit«[4] dazu zu sagen hat.

Anmerkungen

1 Margot Honecker war bereits Ende Oktober 1991 von Moskau nach Chile zu ihrer Tochter Sonja und ihren beiden Enkeln geflogen, um die Möglichkeit einer dauerhaften Niederlassung in Santiago zu eruieren und danach wieder nach Moskau zurückzukehren. Sie begrüßte bereits am 6. November 1991 die Anwälte Wolff, Becker und Ziegler auf dem Moskauer Flugplatz. Nach der Ausweisung der Honeckers aus Russland war sie auf Bitte ihres Mannes nicht mit nach Berlin geflogen, sondern nach Santiago de Chile.

2 Margot Honecker, Jahrgang 1927, stammte aus einer kommunistischen Arbeiterfamilie in Halle. Ihr Vater Gotthard Feist war in den 30er Jahren inhaftiert, auch etliche Jahre im KZ Buchenwald. Danach leistete er illegalen Widerstand, in den Margot mit einbezogen wurde. Sie wollte Lehrerin werden und sollte eine Freistelle an einer NS-Lehrerbildungsanstalt bekommen, die sie jedoch ablehnte – um später als Lehrerin nicht faschistische Ideologie verbreiten zu müssen. Nach dem Krieg trat sie dem antifaschistischen Jugendausschuss bei und hob 1946 die Freie Deutsche Jugend in Halle mit aus der Taufe. Hauptamtlich war sie in der Jugendbewegung tätig, so organisierte sie mit Lehrern im Sommer 1947 in Weißenfels das erste Kinderferienlager der Stadt Halle. 1949 rief man sie nach Berlin. Als jüngste Abgeordnete der Volkskammer überreichte sie Wilhelm Pieck nach dessen Wahl zum Präsidenten der DDR den Blumenstrauß, dieses Bild wurde sehr bekannt. Margot Feist arbeitete im FDJ-Zentralrat und leitete dort die Pionierorganisation. In jener Zeit lernte sie auch Erich Honecker näher kennen, der an der Spitze der FDJ stand. Sie heirateten 1953, im Jahr zuvor war ihre Tochter Sonja geboren worden. Nach einem Studium in Moskau 1954/55 nahm Margot Honecker eine Tätigkeit im Ministerium für Volksbildung auf. 1958 wurde sie Stellvertreterin des Ministers Alfred Lemnitz, fünf Jahre später Ministerin für Volksbildung. Diese Funktion übte sie bis zum November 1989 aus.

3 Nach dem Untergang der DDR wurde Margot Honecker attackiert, sie habe an der Inhaftierung politisch Unliebsamer mitgewirkt und Zwangsadoptionen veranlasst. Die Ermittlungsverfahren mussten ausnahmslos eingestellt werden. 1993 wurden Strafanträge wegen angeblich unmenschlicher Zustände in den Jugendwerkhöfen der DDR gestellt. Auch diese Ermittlungsverfahren mussten eingestellt werden.

4 Am 11. Juli 1992 waren 69 Prominente aus Ost und West – darunter Stefan Heym, Gregor Gysi, Peter-Michael Diestel, Rio Reiser und Tamara Danz – mit dem Aufruf an die Öffentlichkeit getreten, überall »Komitees für Gerechtigkeit« zu bilden, die sich dem einheitsbedingten Kahlschlag im Osten, dem Schleifen von Ost-Biografien und der totalen Delegitimation der DDR-Geschichte widersetzen sollten. Die Kopfgeburt erwies sich als nicht lebensfähig.

2. August

Mein Blutdruck ist 200 zu 160, so hoch wie noch nie.

Die Leute von der *taz* sind gut. Bringen jeden Tag eine Zeitung heraus, obwohl auch sie nicht in Ordnung ist.[1]

Anmerkung

1 Zu Honeckers täglicher Lektüre in der UHA zählte auch die sogenannte linksalternative *Tageszeitung*, kurz *taz*, die allen Gefangenen kostenlos zur Verfügung stand. Was ihn zu dieser Beifallsbekundung veranlasste, ist nicht mehr feststellbar.

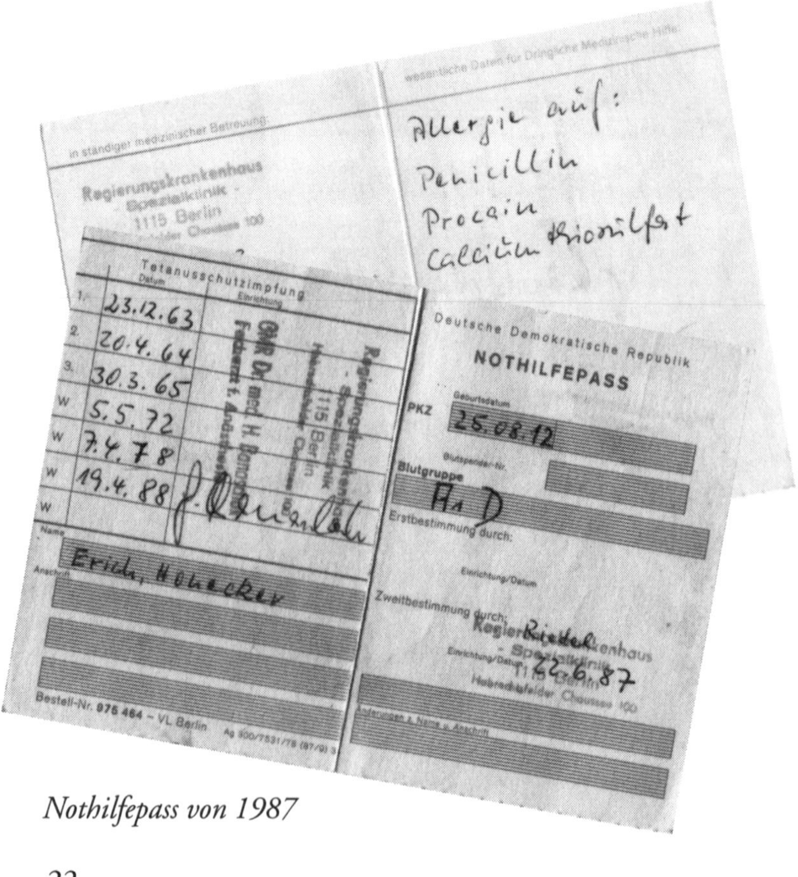

in ständiger medizinischer Betreuung:
Regierungskrankenhaus
- Spezialklinik -
1115 Berlin
Allergie auf:
Penicillin
Procain
Calcium
Tetanusschutzimpfung
Datum
Einrichtung
1. 23.12.63
2. 20.4.64
3. 30.3.65
W 5.5.72
W 7.4.78
W 19.4.88
Name
Erich Honecker
Anschrift
Bestell-Nr. 975 464 – VL Berlin
Deutsche Demokratische Republik
NOTHILFEPASS
PKZ
Geburtsdatum
25.08.12
Blutspender-Nr.
Blutgruppe
A1 D
Erstbestimmung durch:
Einrichtung/Datum
Zweitbestimmung durch:
Regierungskrankenhaus
- Spezialklinik -
Einrichtung/Datum
22.6.87

Nothilfepass von 1987

3. August

Suche wegen des Bluthochdrucks das Krankenhaus Moabit auf. Werde vom Personal gut aufgenommen und behandelt.

Prof. Dr. Volker Taenzer, ein Radiologe, untersucht meine Leber.[1] Ich sehe die dunklen Stellen auf dem Röntgenbild. Er fragt nach den Röntgenbildern aus Moskau, um zu vergleichen. Ich habe sie nicht.

Vor der Untersuchung musste ich viel trinken. Zum Glück verfüge ich über die Erfahrungen von zwei Operationen und weiß, wozu das nötig ist. Die Menge hielt meine Blase dennoch nicht aus.

Wie ich höre, kennt Professor Taenzer Prof. Wolff und Prof. Althaus aus der Charité gut. Sie hatten mich damals behandelt.

Ich höre im Rundfunk die gute Nachricht, dass das Parlament in Chile Margot den Aufenthalt bewilligt hat.

Ich denke oft an Margot, an Robi[2] und meine Lieben.

Anmerkungen

1 Nach dieser Untersuchung erfolgte eine Computertomografie im Krankenhaus Moabit. Über den Befund informierte Prof. Taenzer die Anwälte am 5. August. Honecker hat einen bösartigen Tumor in der Leber. Bitter stellt Honecker nach dieser Mitteilung fest, »das Konsilium in Moskau hat gelogen«, statt eines medizinischen Befundes habe es Jelzin einen politischen Dienst erwiesen. Der *Spiegel* schrieb zutreffend dazu am 31. März 2009: »Eine manipulierte Krankenakte erleichterte die Abschiebung des unerwünschten Gastes: Dieselben Ärzte einer Moskauer Klinik, die im Februar 1992 einen Tumor in der Leber diagnostiziert hatten, fanden drei Wochen später angeblich keinen Krebsherd mehr – Honecker stand als Simulant da. Schon die erste medizinische Untersuchung in Deutschland bestätigte indes, dass das Moskauer Gutachten verfälscht worden war.«

2 Enkel Roberto Yanez

4. August

Das Leben geht seinen Gang. Ich lese jetzt viel und höre Rundfunk. Die Welt ist verrückt – und Russlands Staatsbank bewegt Rubel, pro Monat etwa 250 Milliarden. Jelzin besorgt den Ausverkauf. Ich muss den Säufer nicht mehr fürchten – im Unterschied zu den Russen.

5. August

Meine Anwälte informieren mich, dass es morgen einen Haftprüfungstermin im Saal 500 geben werde. Sie und auch die 27. Strafkammer haben ihn beantragt. Die Mediziner sollten sagen, ob ich haft-, vernehmungs- und verhandlungsfähig sei.

Ich weiß, dass dies den Regeln des »Rechtsstaats« entspricht. Die Frage aber ist doch eine ganz andere: Ist der Prozess, den man mir und den anderen Mitgliedern des Politbüros machen will, überhaupt zulässig, also rechtens? Vorgestern hat Augstein im *Spiegel* erklärt: »Der Haftbefehl gegen Honecker hätte gar nicht erst erlassen werden dürfen.«

Inzwischen gehen Briefe und Telegramme aus Berlin und ganz Deutschland ein. Ich bekomme Post aus Frankreich, Griechenland, Norwegen, Schweden, Dänemark, aus den Niederlanden, England, Spanien, selbst aus den USA. Sie zeigt, dass die DDR nicht vergessen ist. Die Solidarität ist groß. Am meisten aber freue ich mich über den Brief aus Israel, den mir Dr. Wolff übergab. Geschrieben hat ihn Sarah Fodorová, die ich 1935 laut *Stern* an die Gestapo verraten haben soll.[1] Den Brief hat er von einem Berliner bekommen, der in Israel zu Besuch war. Dieser traf dort Sarah Fodorová, die unter dem Namen »Wiener« in Tel Aviv lebt und aus der Presse von meinem Schicksal erfahren hat. Auch von diesen Anschuldigungen, dass ich sie damals in Moabit angeblich ans Messer geliefert habe. Ich bezweifle, dass jene Zeitungen ihren Brief drucken werden, die mich als »Verräter« an den Pranger stellten. Es ist doch klar: kein positives Wort zu diesem Verbrecher!

Sarah war damals standhaft und mutig. Sie ist es auch jetzt. Ich versuche mich an sie zu erinnern, wie sie damals aussah, und stelle mir vor, wie sie heute – mehr als 50 Jahre nach unserem Prozess vorm »Volksgerichtshof« – aussehen könnte.

Anmerkung

1 Am 22. November 1990 hatte die Illustrierte *Stern* über Honeckers vermeintliche »Lebenslüge« berichtet. Die Historikerin Monika Kaiser wollte den Gestapo-Akten von 1935 entnommen haben, dass er im Verfahren seine Genossen schwer belastet habe. »Besonders verhängnisvoll erwies sich Honeckers Verhalten in den Verhören für die Jüdin Sarah Fodorová.« Auch wenn die Kurierin aus Prag, die bei ihrem Treffen mit Honecker am 3. Dezember 1935 observiert und ebenfalls verhaftet worden war, in diesem Prozess freigesprochen wurde – was der These des *Stern* widersprach –, hatte der ehemalige DDR-Staatsanwalt Peter Przybylski in die gleiche Kerbe gehauen: »Der Freispruch für die Jüdin Sarah Fodorová dürfte sie kaum vor der Gestapo gerettet haben.« Nunmehr meldete sich also die Totgesagte aus Israel: »Ich wurde im Dezember 1935 verhaftet und vor das Nazi-Volksgericht gestellt, zusammen mit Bruno Baum, Erich Honecker und anderen. Ich bin vom Gericht freigesprochen worden aus Mangel an Beweisen. Dies geschah dank der Aussagen und des Verhaltens von Honecker, der, was mich betrifft, mich nicht belastet noch verraten hat, im Gegenteil: Er hat meine Aussagen bestätigt. Herrn Honecker habe ich im Leben viermal gesehen, davon zweimal auf der Straße, einmal im Kaffeehaus, das vierte Mal während des Prozesses. Außer im Gerichtssaal waren unsere Begegnungen sehr kurz. Nach der Freisprechung kehrte ich in die Tschechoslowakei zurück, dann lebte ich in den USA, wieder in der Tschechoslowakei, und seit ungefähr 24 Jahren lebe ich in Israel – also keine Schutzhaft nach dem Gericht, kein KZ, kein Tod durch Gas.« Im Juni 1992 machte sich ein Reporter der *Bild am Sonntag* auf nach Israel, um mit Sarah Fodorová-

Wiener zu sprechen. Sie erklärte ihm: »Ich verdanke Honecker mein Leben. Daran besteht für mich überhaupt kein Zweifel. Auch wenn ich mit manchen politischen Entwicklungen in seinem Land nicht einverstanden war, werde ich ihm das und sein tapferes und mutiges Auftreten vor dem Nazi-Tribunal niemals in meinem Leben vergessen und ihm dafür immer dankbar sein. Manches, was jetzt in Deutschland nach der Vereinigung geschieht, kann ich aus der Entfernung nicht richtig beurteilen. Aber ich kann mir nicht vorstellen, dass man einen alten Mann, der für seine politische Überzeugung, ich glaube zehn Jahre, im Nazi-Kerker gesessen hat, noch einmal einsperrt. Nein, das kann ich nicht glauben. Ich kann auch nicht verstehen, wie verantwortungslos Ihre Zeitungen schreiben.« Diese Klarstellung erschien damals weder in der *Bild am Sonntag* noch im *Stern* oder überhaupt.

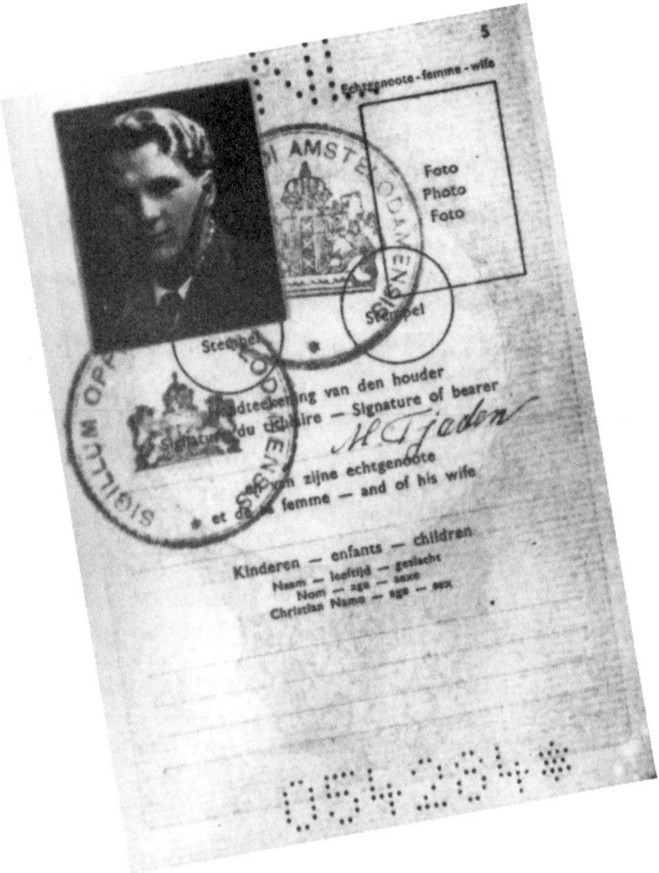

Honeckers Pass, mit dem er 1935 in Berlin verhaftet wurde

6. August

Der Haftprüfungstermin findet in nicht öffentlicher Sitzung statt. Daran nehmen auch meine Anwälte Becker und Wolff teil, Ziegler ist noch bis zur nächsten Woche im Urlaub. Die beiden sind klasse.

Der Vorsitzende Bräutigam stimmt drei Offizialverteidigern zu, d. h. meine drei Anwälte werden zum Verfahren zugelassen. Eine Beschränkung, so fürchtete wohl der Richter, hätte ihm als kleinlich ausgelegt und als Indiz gewertet werden können, dass es sich um ein politisches und nicht um ein rechtsstaatliches Verfahren handelte. Diesen Eindruck will er unbedingt vermeiden.

Prof. Volkmar Schneider vom Institut für Rechtsmedizin der Freien Universität Berlin war mit dem Gutachten beauftragt worden. Er trägt mündlich vor, dass ich zweifelsfrei haft- und vernehmungsfähig sei. Allerdings sagt er nicht, ob ich auch im Prozess verhandlungsfähig sei. Bräutigam setzt daraufhin die Entscheidung über die Fortdauer der Untersuchungshaft aus. Er wolle erst entscheiden, wenn ihm Schneiders Gutachten schriftlich vorliegt.

Die anderen Fragen – Besuche, Post usw. – werden zu meiner Zufriedenheit gelöst.

Nach zweieinhalb Stunden endet die Sitzung. Vor dem Saal warten noch immer die Journalisten. Das Interesse ist groß. Ich bekomme eine Ahnung, wie das bei der Eröffnung der Hauptverhandlung sein wird. Es lässt mich nicht unberührt, aber es regt mich auch nicht sonderlich auf. Vielleicht ist die relative Gleichgültigkeit auch die Folge der Medizin, die ich gegen den Bluthochdruck bekomme.

7. August

Heute ist ein großer Tag, mein Schwager[1] ist zu Besuch. Bei allem Elend, was die Kolonialherren gebracht haben, gibt es auch gute Momente. Wir reden über Politik. Ich denke, dass jetzt immer klarer wird, was die DDR, was der Warschauer Pakt, was die Sowjetunion für die Welt bedeuteten. Die Welt gerät aus den Angeln. Der Widerstand gegen die imperialistische Politik wächst. Das wird so weitergehen. Unser Prozess wird dazu beitragen.

Ich hätte nicht gedacht, dass mein aufrechter Gang, mein erhobenes Haupt, meine klare Haltung so wirkt. In den Briefen und Telegrammen heißt es, dass ich damit Mut mache und dass das gut sei.

Gegen 16 Uhr bestätigt mir Dr. Rex, der Chefarzt des Haftkrankenhauses, meine Vermutung. Der Tumor ist bösartig.[2] Er wäre wohl nicht gekommen, wenn es nicht ernst wäre. Ich solle, sagt er, auch mit den Anwälten reden. Und dann nennt er mir den Namen eines Experten.

Ich schreibe Margot einen Brief. Wann ich ihn absende, weiß ich noch nicht. Ich schreibe ihn mehr für mich als für sie. Vielleicht kann ich mit ihr auch telefonieren, wenn alles klar ist. In zwei Monaten werde ich wissen, wie schnell sich alles weiterentwickelt.

Ich muss umdisponieren. Diese Schlacht muss noch geschlagen werden. Mehrere Rechtsanwälte haben sich gemeldet, die mich und meine Genossen verteidigen wollen.[3] Also um unsere Sache steht es nicht schlecht.

Soeben kam die Meldung von Möllemann[4], er wolle jetzt über die Lage der Wirtschaft im Osten reden. Auch über die Abwanderung und die von Bonn verursachte Perspektivlosigkeit?

Mein Buch[5] habe ich noch immer nicht gesehen. Der kleine, aber mutige Verlag schafft es nicht allein, die Nachfrage ist groß. Man fragt, besonders in Berlin, in den Buchhandlungen nach dem Buch. 60.000 Exemplare in drei Auflagen sollen schon verkauft worden sein. Ich werde eine weitere Auflage vorbereiten und ergänzen. Jetzt sehe ich Ursachen, Wirkungen und Zukunft klarer und werde das darlegen.

Es ist jetzt 20.20 Uhr. Habe noch Briefe gelesen, sortiert und beantwortet.

Anmerkungen

1 Manfred Feist

2 Dr. Wolff setzt telefonisch Margot Honecker über den Befund in Kenntnis. Diese will sofort nach Berlin kommen. Der Anwalt redet ihr das aus. Erstens könne sie ohnehin nichts machen, zweitens wäre nach Ansicht der Verteidigung ihre Anwesenheit »alles andere als nützlich«.

3 Gewiss werden unter jenen, die sich meldeten, auch Gleichgesinnte gewesen sein. Doch die Vermutung ist nicht von der Hand zu weisen, dass mancher Anwalt mit einem solch prominenten Mandat andere Erwartungen verband, als Honecker vermutete. Von den Angeboten wurde natürlich kein Gebrauch gemacht.

4 FDP-Politiker Jürgen Möllemann (1945-2003), Ex-Bundesminister für Bildung, seit 1991 Bundesminister für Wirtschaft und seit Mai 1992 auch Vizekanzler

5 Der W. Runge Verlag in Hamburg hatte »Erich Honecker zu dramatischen Ereignissen« publiziert. Die 96-seitige Broschüre (16,80 DM) wurde im *Spiegel* vom 3. August 1992 unter der gehässigen Überschrift »Er hielt sich für den Größten. Wie Erich Honecker die Deutsche Demokratische Republik in den Abgrund geführt hat« auffällig besprochen. Gemäß den Regeln der Mediengesellschaft, wonach es unerheblich ist, ob ein Buch verrissen oder gelobt wird, Hauptsache es findet Aufmerksamkeit, trägt dieser Text im Nachrichtenmagazin objektiv zur Verbreitung der Broschüre bei. Der *Spiegel*-Beitrag ließ kein gutes Haar an Honecker und schürte absichtsvoll im Vorfeld des Verfahrens die hassgeladene Stimmung. Dabei stützte sich das Magazin auf Äußerungen besonders von Politbüromitgliedern. Ob sie tatsächlich auch gemacht wurden – so wurde beispielsweise Werner Krolikowski mit dem Satz zitiert: »Er [Honecker] hielt sich offenbar für den größten lebenden Führer des internationalen Sozialismus« – steht dahin. Verschiedene Insider bestätigen, dass diese Aussage sich tatsächlich in einem Bericht Krolikowskis an die sowjetische Führung befunden haben soll.

8. August

Ich bin gestern spät eingeschlafen, aber sehr früh dennoch gut aufgewacht. Ich kann nur schwer wegstecken, was jetzt alles auf mich einstürmt. Das Leben geht weiter. Wie, das muss ich mir noch überlegen.

Ich denke an Dich und hoffe, dass Du bei den Kindern jetzt Ruhe findest. Du hast sie nötig. Niemand hat dies mehr bemerkt als ich.

Ich habe noch einmal den Leitartikel im *Neuen Deutschland* vom 1./2. August gelesen »Der Hochverräter«. Herzerfrischend. Es wäre schön, wenn Du ihn auch einmal lesen könntest. Er wurde von Hermann L. Gremliza (51), Herausgeber der in Hamburg erscheinenden Monatszeitschrift *konkret,* geschrieben.

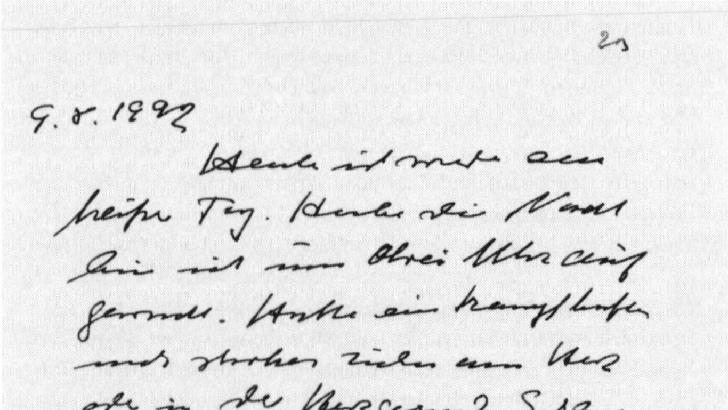
23

9.8.1992

Tagebuchaufzeichnung vom 9. August 1992

9. August

Heute ist wieder ein heißer Tag. Bin in der Nacht um drei Uhr aufgewacht. Hatte ein krampfhaftes und starkes Ziehen am Herzen oder in der Herzgegend. Schlief auch nicht mehr ein. War schweißgebadet.

Meine Gedanken sind jetzt bei euch. Ich wünsche Dir, liebe Margot, dass Du Dich im Kreis der Familie erholen kannst. Ich kann mir vorstellen, wie Robi Dich in seine Arme nahm und sich darüber freute, dass die Oma wieder da ist. Nach dem Frühstück habe ich die fast 800 Seiten der Anklageschrift durchgearbeitet. Aus den Gestapoakten, den Papieren des Volksgerichtshofs und Lippmanns Buch[1] haben sie einen schönen Lebenslauf von mir zusammengeschustert. Auch der schlaue Staatsanwalt Przybylski[2] aus der DDR wird zitiert. Schändliche Leute durch die Bank.

Danach habe ich eine Zeugenliste für den Prozess zusammengestellt – von Kirchschläger[3] bis Kohl[4]. An erster Stelle denke ich selbstverständlich an Gorbatschow und von Weizsäcker[5] und Kohl. Will sehen, was die Rechtsanwälte dazu sagen.

Der Prozess soll zwei Jahre dauern. Solange ich lebe, werde ich mich offensiv verteidigen. Dies bin ich in erster Linie den Bürgern der DDR schuldig.

Es ist Sonntag, deshalb ist keine Bewegung im Haus. Keine Rufe, kein Türenknallen. Hans Wauer[6] und Erika wollen mich heute besuchen und die Eva Ruppert[7].

Aus dem Rundfunk kommt auch nichts Neues.

Gestern habe ich die drei Nummern der *UZ*[8] drei Mal gelesen. Auch den Artikel »Erich im Originalton« und die Erklärung von Willi Stoph[9].

Habe die Thesen gelesen zum Parteitag der DKP. Ja, ich begreife nun, *was* die DDR für die DKP war, ich denke schon gar nicht weiter.

Aber warum jetzt diese Angriffe auf uns? Dass es in der Führung der SED Verräter, Schufte gegeben habe – das behaupten inzwischen alle. Nun also auch sie. Und Fehler hat nur die SED gemacht. Warum haben Mies[10] und Weber[11] die DDR nicht gegen Gorbatschow verteidigt? Sie hatten doch die beste Beziehungen zu ihm und zu Jakowlew[12], dem Vorkämpfer der Perestroika ...

Inzwischen sollten auch die Letzten begriffen haben, dass die KPdSU unter Leitung von Gorbatschow die Sowjetunion und den Warschauer Pakt dem Imperialismus ausgeliefert hat. Jetzt fängt womöglich alles wieder von vorne an, vielleicht hat der Dritte Weltkrieg schon begonnen.

Anmerkungen

1 Heinz Lippmann, im FDJ-Zentralrat Honeckers Stellvertreter und für die »Westarbeit« zuständig, war mit 300.000 Mark Ende September 1953 in den Westen abgehauen. In der BRD sagte er gegen Funktionäre der verbotenen FDJ aus – und im Auftrag von Günther Nollau, Präsident des Bundesamtes für Verfassungsschutz, gab er mit dem Geld des Verfassungsschutzes ab 1957 die gegen die DDR gerichtete Zeitschrift *Der dritte Weg* heraus, die sich mit dem Stalinismus auseinandersetzte und einen demokratischen Sozialismus propagierte. Im Impressum war die IG Metall als Finanzquelle angegeben (die übrigens 1976 auch Wolf Biermann nach Köln einlud). Günther Nollau: »Im Mai 1959 starteten wir unser Blättchen mit dem Artikel ›Zwischen Stalinismus und Kapitalismus‹. Die Angriffe auf den Stalinismus fielen uns leicht. Aber um glaubwürdig zu sein, mussten wir auch den Kapitalismus und die Bundesregierung kritisieren. Das war zwar nicht schwer, denn an der damaligen Ostpolitik gab es manches zu beanstanden. Aber die Angriffe mussten so dosiert sein, dass sie […] vor der Dienstaufsichtsbehörde zu vertreten waren.« 1971 verfasste Lippmann die erste Honecker-Biografie, auf die Erich Honecker hier Bezug nimmt.

2 Dr. Peter Przybylski, Jahrgang 1935, Mitglied der SED seit 1958. Im Jahr darauf wurde er Redakteur, später stellvertretender Chefredakteur der Zeitschrift *Neue Justiz*. Seit 1963 war er Staatsanwalt bei der Generalstaatsanwaltschaft der DDR, wo er ab 1964 die Aufgaben der Öffentlichkeitsarbeit wahrnahm. Mitte der 60er Jahre übernahm er die fachliche Beratung der Sendereihe »Der Staatsanwalt hat das Wort« beim DFF sowie den abschließenden Kommentar, wodurch er in der DDR einen großen Bekanntheitsgrad erreichte. Aufgrund seiner Stellung in der DDR-

Generalstaatsanwaltschaft hatte er 1990 Zugang zu den Ermittlungsakten gegen die DDR-Führung. Diese publizierte er unter den Titeln »Tatort Politbüro. Die Akte Honecker« (1991) und »Tatort Politbüro. Band 2: Honecker, Mittag und Schalck-Golodkowski« (1992), beide bei Rowohlt.

3 Rudolf Kirchschläger (1915-2000) war von 1974 bis 1986 Österreichs Bundespräsident. In dieser Funktion hatte er mehrere Begegnungen mit Honecker.

4 Helmut Kohl, Bundeskanzler von 1982 bis 1998, hatte in dieser Funktion mehrere Treffen mit Honecker, u. a. lud er ihn zum Staatsbesuch in die BRD ein, der 1987 erfolgte.

5 Richard von Weizsäcker war von 1981 bis 1984 Regierender Bürgermeister von Berlin und von 1984 bis 1994 Bundespräsident und führte wiederholt politische Gespräche mit Honecker, so u. a. bei dessen Staatsbesuch in der Bundesrepublik 1987.

6 Hans Wauer war zu diesem Zeitpunkt Vorsitzender der KPD. Im Juni 2005 hieß es in einem Kommuniqué: »Das ZK der KPD hat in einer außerordentlichen Tagung umfassend die Tätigkeit der parteifeindlichen linkssektiererischen Gruppierung um Hans Wauer und Emil Collet in der KPD behandelt und die Drahtzieher dieser Gruppierung, Hans Wauer und Emil Collet, aus der KPD ausgeschlossen.«

7 Dr. Eva Ruppert, eine Oberstudienrätin aus Bad Homburg, gehörte zu den ersten Mitgliedern des Erich-Honecker-Solidaritätskomitees. Margot Honecker korrespondiert noch heute mit ihr. Im Internet kann man über sie lesen: *http://www.offen-siv.com/Bucher/Festschrift.pdf*, S. 122.

8 *Unsere Zeit* (UZ), Wochenzeitung der Deutschen Kommunistischen Partei (DKP)

9 Willi Stoph (1914-1999), Ministerpräsident der DDR von 1976 bis 1989 und von 1973 bis 1976 Staatsratsvorsitzender, war gemeinsam mit Erich Honecker, Heinz Keßler, Erich Mielke, Fritz Streletz und Hans Albrecht von der Staatsanwaltschaft II beim Landgericht Berlin am 12. Mai 1992 wegen Totschlags bzw. versuchten Totschlags angeklagt worden. Das Verfahren gegen Stoph sollte jedoch an 21. Juli 1993 wegen Verhandlungsunfähigkeit eingestellt werden. Ein zweites Verfahren wegen Untreue und Vertrauensmissbrauch, wozu am 3. Juli 1992 vom Kammergericht Klage erhoben wurde, endete per Nichteröffnungsbeschluss am 18. Juni 1993. Die Erklärung gab er wegen der ihm Anfang August 1992 erteilten Haftverschonung ab. Am 14. August wurde er aus der Untersuchungshaft entlassen.

10 Herbert Mies, von 1973 bis 1990 Vorsitzender der DKP, wurden besondere Beziehungen zu Gorbatschow nachgesagt, was er jedoch in seinen Memoiren (»Mit einem Ziel vor Augen. Vom Jung- zum Altkommunisten«, 2010) teilweise infrage stellt.

11 Ellen Weber, bis 1990 Stellvertreterin von Herbert Mies

12 Alexander N. Jakowlew (1923-2005), von 1973 bis 1983 sowjetischer Botschafter in Kanada. Er begleitete 1982 Gorbatschow bei dessen Reise durch Kanada. Danach wurde er nach Moskau geholt und Direktor des

Instituts für Weltwirtschaft und internationale Beziehungen der Akademie der Wissenschaften der UdSSR. Er gilt seitdem als Vordenker und Architekt der Perestroika. Von 1986 bis 1990 ZK-Sekretär, Mitglied des Politbüros und Gorbatschows wichtigster Berater. Es wird vermutet, dass Jakowlews Aufenthalt in Kanada und der von Gorbatschow nicht folgenlos waren für den weiteren Gang der Geschichte. Und gewiss war es nicht so harmlos, wie der *Spiegel* vom 4. Juni 1990 über einen neuerlichen Besuch in Kanada berichtete: »Dort hatte er vor sieben Jahren, ehe er an die Spitze der KPdSU und der Sowjetunion aufstieg, die Vision von einem modernen Russland gehabt. Der damalige Sowjetbotschafter am Ort, Alexander Jakowlew, heute sein engster Berater, führte dem Funktionär aus Moskau, der die meiste Zeit seines Lebens in der sowjetischen Provinz stationiert gewesen war, in Kanada vor, wie ein Farmer leben, eine Fabrik florieren und was ein Supermarkt anbieten kann.«

10. August

Heute waren Wolff und Ziegler hier. Wir haben alles besprochen, was in Verbindung mit dem Prozess steht. Die Akten soll ich noch bekommen.

Die Hitze macht mir stark zu schaffen.

Die JVA Berlin-Moabit in der Sommerhitze

11. August

Heute kann ich erstmals wieder durchatmen. Die Nacht war frisch, das wirkt sich auf alle Körperfunktionen positiv aus.

Im Radio melden sie, dass Gorbatschow nach Berlin kommt, um Ehrenbürger der Stadt zu werden. Welch doppelbödige Moral ist hier am Werke? Der ehemalige Generalsekretär der Kommunistischen Partei der Sowjetunion wird von denselben Leuten ans Herz gedrückt, die einen anderen Generalsekretär einsperren. Ich hoffe, dass die Bürger der Hauptstadt der DDR ihm für seinen Verrat angemessen danken. Für die Zerschlagung der Betriebe, die Beseitigung der Arbeitsplätze, für die Massenarbeitslosigkeit, für die Einsetzung der Wessis in alle Ämter der neuen Bundesländer, für den Ruin der ostdeutschen Wirtschaft, die Abwicklung der Akademiker usw.

Und in Jugoslawien soll es nun weitergehen, ich höre schon die ersten Siegesfanfaren im Rundfunk.[1] Dabei kann niemand behaupten, dass Rest-Jugoslawien mit Serbien und Montenegro eine Festung des Kommunismus darstellte.

Und was wird mit Afghanistan? Die Meldungen heute sprechen von einem Feuerregen von Raketen, und Granatwerfer, Panzer und Flugzeuge sind im Einsatz, es gibt Tote ohne Ende.

Die Türkei schießt auf die Kurden, Israel auf die Palästinenser. Was ist in dieser Welt los? Und alles, weil wir kapituliert haben.[2]

Gestern las ich ein Material über die Beziehungen der DDR zum RGW. Darin hieß es, mehr als Frage formuliert, dass ich möglicherweise die Idee einer Konföderation mit der BRD im Kopf gehabt hätte oder so ähnlich. Natürlich, so etwas hatte ich, hatten wir immer im Hinterkopf. Wir waren doch nicht so stur, wie der Gegner uns immer unterstellte. Ich habe auch in Bonn davon gesprochen.

Vor dem europäischen Haus, von dem jedoch Gorbatschow schwafelte, grauste mir. Und dann sein Berater, dieser Jakowlew, der wenigstens offen war und sagte, wer seiner Meinung nach an allem schuld sei: Marx. 1917 sei mit Lenin als Marxisten das ganze Unheil über die Welt gekommen.

Was hat dieser Gorbatschow nur für ein Gewissen? Ich kann mich an den Perestroika-Kleinbürger noch gut erinnern, als er mir seine Strategie und Taktik erläuterte und die Rolle, die seine Frau Raissa dabei spielen sollte. Und daran, wie er im Kreis der Generalsekretäre ängstlich darauf bedacht war, von uns gelobt und geliebt zu werden. Sein Ansehen war ihm immer wichtig. Einmal habe ich ihn zu beruhigen versucht, weil er im Selbstzweifel war. Ihm war der Beifall aus dem Westen allerdings wichtiger.

Mit ihm ging erst seine Funktion, dann die ganze KPdSU verloren. Jetzt lebt er von seinen Geldgebern, der Dollar wiegt nun mal schwerer als der Rubel. Alle kalten Krieger von Reagan bis Bush stellen sich schützend vor ihn. Gorbatschow hat offenbar nicht bemerkt, wie er zum Schuft wurde.

Eine Konföderation mit der BRD wäre in jedem Fall besser gewesen, um Gorbatschows »Abmachung« à la Kohl zu verhindern.

Ein Wort noch zu den 40 Jahren DDR. Die 40 Jahre waren nicht nur SED, das waren ja auch 40 Jahre CDU, LDPD, NDPD, DBD, das waren Götting[3] und Gerlach[4] und Homann[5] und Goldenbaum[6]. Goldenbaum war der DDR treu, Gerlach war es schon 1949 nicht, ganz zu schweigen von der Zeit davor. Man sollte der KPD und der SED danken, dass sie nach 1945 zur Stelle waren. Nur ein Pieck konnte mit J. W. Stalin sprechen, bei ihm intervenieren. Er hat es getan, ich weiß es. Die deutschen Kommunisten waren nicht verantwortlich für die sowjetischen Ungeheuerlichkeiten und nicht für die faschistischen Verbrechen, das waren Hitler, Göring, Goebbels, Heß, diese ganze braune Pest. Sie haben die Welt in den Krieg gepeitscht – sie sind in die Sowjetunion wie die Barbaren eingefallen. Die Deutschen hatten allen Grund, der SED zu vertrauen, sie war die einzige Partei, die sie aus den Trümmern führte. Ja, man muss es klar sagen, die deutschen Kommunisten unter Führung von Wilhelm Pieck und Walter Ulbricht und die deutschen Sozialdemokraten unter Führung von Otto Grotewohl und Max Fechner haben nach der Befreiung 1945 in der sowjetischen Besatzungszone mit Hilfe der Roten Armee den Weg in eine menschliche Zukunft gebahnt. Was wäre aus Europa ohne die Gründung der DDR und deren Einfluss geworden? Diese Frage sollte man sich stellen und ehrlich beantworten, bevor man die DDR verteufelt.

Der heutigen Meldung über den Krieg in Jugoslawien, werden schon bald die ersten Anzeigen folgen: Mein Sohn, unser Sohn ist gefallen.[7] Zweieinhalb Jahre nach der Annexion der DDR, das geht schneller als nach dem Anschluss des Saarlandes an das »Reich« 1935. Da dauerte es noch vier Jahre bis zum Beginn des Krieges. Alles Dinge zum Überlegen. Aber wer überlegt heute schon? Einige vielleicht. Es ist eine Minderheit.

Wenige merken, dass der Prozess gegen die Partei- und Staatsführung der DDR ein Teil der Kriegsvorbereitung ist. Wird zum Schluss etwas von Deutschland übrig bleiben? Bei einem Dritten Weltkrieg wohl nichts mehr.

Es ist jetzt 12.30 Uhr. Soeben waren die Ärzte da – alles okay. Mehr wissen sie wohl nicht.[8]

Der Besuch von Rechtsanwalt Ziegler war sehr nützlich, und der von Professor Schneider, dem Leiter der Gutachtergruppe, eher nicht. Da wird nichts anderes herauskommen als die Freigabe zum Abschuss, wie ich bereits in Moskau zum Ausdruck brachte.

Ich habe soeben die *taz* mit der Meldung von Konnis[9] Tod gelesen. Deshalb greife ich noch mal zur Feder. Sehr oft habe ich in diesen Tagen an ihn denken müssen, aber das jedoch keinesfalls erwartet. Seine Frau hat meine volle Anteilnahme. Im Übrigen, das habe ich schon in Lobetal gesagt, war es ein Fehler von mir, dem Politbüro und dem Sekretariat, ihn wegen seines Auftretens bei einigen Intellektuellen ablösen zu lassen.[10] Ich habe zwar kameradschaftlich mit ihm vorher gesprochen, aber die Entwicklung hat gezeigt, dass trotz aller Argumente die Ablösung falsch war. Das zeigte sich auch im Februar 1990, als er mich dringend sprechen wollte, aber das Gespräch nicht zustande kam. Er war ein aufrechter und ehrlicher Genosse. Wenn es geht, werde ich in Erinnerung bringen, dass Konrad Naumann es war, der die Initiative zum Bau des Nikolai-Viertels ergriff und durchsetzte. Das Viertel ist ein Denkmal für ihn und die Kulturpolitik der SED-Bezirksleitung der Hauptstadt der DDR. Ich habe ihn nie als Konkurrenten betrachtet, da mir ein solches Denken nicht entspricht. Jedenfalls wäre er besser als Krenz gewesen, nicht zu reden vom Verräter Schabowski[11].

Ein zweiter Punkt. Hier gibt es eine große Aufregung über ein gruseliges Bild von mir in der gestrigen *taz* – so kann man es auch machen. Für das Kriminalgericht ergab sich daraus ein Problem. Wegen »Erich mit erhobener Faust« gingen viele Telefonanrufe bis zur Geschäftsstelle des »Honecker-Gerichts« ein.

Ich beginne mich bereits innerlich auf den Prozess vorzubereiten und mache Notizen.

Nach dem 8. Mai 1945 haben wir unter schwierigen Bedingungen die politischen, wirtschaftlichen und kulturellen Verbindungen zwischen den Besatzungszonen aufrechterhalten wollen. An Geschäfte über die Zonengrenzen hinweg war zunächst nicht zu denken. Der Aussiedlerstrom musste gesteuert werden, der aus jenen Gebieten kam, aus denen Deutsche vertrieben wurden. Ich denke dabei besonders an die Gebiete jenseits der Oder-Neiße und in der Tschechoslowakei. Dazu die Zwangsarbeiter, die in ihre Heimat zurückströmten. Millionen waren unterwegs. Ich habe im Dezember 1945 in den Bahnhöfen von Eisenach und Fulda mit Heimatlosen auf dem blanken Fußboden geschlafen. Der Wechsel von der sowjetischen in die englische oder in die amerikanische Zone war besonders schwierig.

Erst mit der Zeit kam das politische und gesellschaftliche Leben über die Zonengrenzen hinweg in Gang. Im Juni/Juli 1945 traten Parteien, Gewerkschaften und Jugendorganisationen in Erscheinung. Sie sammelten und organisierten sich. Sportorganisationen waren noch verboten. Die Perspektive blieb unklar. An »Deutschland« dachten die wenigsten Deutschen. Ihre Not war zu groß. Das war überall so. Ich las das auch in den Erinnerungen von Franz Josef Strauß, der als Landrat an die Arbeit ging, um das Leben in Gang zu bringen.[12] Man kann es auch im Buch von Stefan Heym über die Schwarzenberg-Republik erkennen.[13] So, wie er es beschrieb, lebte man damals nahezu überall.

Mit dem Einzug der Truppen Englands, Frankreichs und der USA in Berlin und der Sowjettruppen in Sachsen-Anhalt und Thüringen bildete sich langsam heraus, was politisch aus Deutschland werden würde. Als ich im Mai 1945 mit Walter Ulbricht in Berlin-Lichtenberg sprach, sagte er: »Bleib hier, das Saargebiet bekommen die Franzosen.« So kam es dann ja auch. Aber es gab keine Vorstellungen darüber, was konkret aus dem Land wird, obwohl große Schilder in der sowjetischen Besatzungszone die Worte J. W. Stalins verkündeten: »Die Hitler kommen und gehen, aber das deutsche Volk, der deutsche Staat bleibt.« In welchem Rahmen, in welchem Gebiet, war unklar.

Als wir uns nach der Befreiung in Brandenburg-Görden voneinander verabschiedeten, brachen viele Genossen auf nach Breslau, nach Stettin, nach Königsberg. Das war ihre Heimat. Der Weg dorthin war ihnen versperrt. Ihnen strömten Flüchtlinge entgegen. Für die Genossen, die aus dem Sudetengebiet stammten, war ebenfalls kein Platz mehr. Selbst Mitglieder des Politbüros der KPTsch mussten ihre Sachen packen und fanden sich in der sowjetischen Besatzungszone in Berlin wieder.

Nach der Potsdamer Konferenz wurde es klarer. Als Ostgrenze wurde die Oder-Neiße festgelegt. Die Grenze zur Tschechoslowakei verläuft entlang dem Erzgebirge wie schon immer. Die Zonengrenzen zwischen der sowjetischen Zone einerseits und der britischen und amerikanischen Zone anderseits blieben dicht. Eine Ausnahme bildeten die Sektorengrenzen in Berlin, dem Sitz des Kontrollrates der Vier.

An eine freie Bewegung der Menschen in Deutschland war vorerst nicht zu denken. Es gab auch keinen Staat Deutschland. Als wir 1947 mit den Vertretern der Jugendorganisationen, die in den Zonen entstanden waren, im »Haus Altenberg« bei Köln am Rhein zusammentrafen[14], gab es noch kein »Deutschland«.

Vertreter der britischen Besatzungsmacht erteilten »Hinweise«, dass wir über alles sprechen dürften, nur nicht über Deutschland oder über einen Friedensvertrag mit Deutschland.

Erst 1948 durften wir in Warschau als Deutsche auf einer internationalen antifaschistischen Konferenz auftreten. In Prag war uns das schon im Vorjahr erlaubt worden, doch

Der OdF-Ausweis vom September 1945

wir erhielten keine Einreisegenehmigung, kein Visum. Wir mussten mit einem Wagen der Roten Armee zur Tagung des Weltbundes der demokratischen Jugend fahren. Stalingrad, das ich 1947 besuchte, war schwer auszuhalten. Diese Ablehnung hatten wir Hitler zu verdanken. Seine Raubzüge, sein Vernichtungsfeldzug gegen die »slawischen Untermenschen«, gegen die Juden, Sinti und Roma waren Deutschlands Unglück. Aber das war ja Hitler nicht allein. Hinter ihm standen Vertreter der Großbourgeoisie, der Konzerne und Banken und die Junker.

Die vier Alliierten verständigten sich mit Ach und Krach über Grundzüge der Nachkriegsentwicklung. Sie konnten sich schon nicht mehr über die Durchführung ihrer Beschlüsse zu Deutschland einigen.

Unter dieser Ebene trafen sich deutsche Vertreter, die letztlich in diese Konfrontation der Siegermächte hineingezogen wurden. Die Gewerkschaften hielten Interzonenkonferenzen ab.

Im Juni 1947 lud der bayerische Ministerpräsident alle Ministerpräsidenten aus den vier Zonen nach München ein, um über die Zukunft Deutschlands zu diskutieren. Sie gingen ohne Ergebnis auseinander. An ihre jeweilige Besatzungsmacht gekettet, konnten sie sich nicht frei über Deutschland verständigen. Die Sowjetunion schlug vor, als erste Stufe zur Bildung einer deutschen Regierung Zentralverwaltungen zu schaffen, was sie in ihrer Zone bereits tat. Frankreich wollte davon nichts wissen. Das Land war von deutschen Truppen ganz besetzt gewesen, Gestapo und SS hatten dort gewütet, das war nicht vergessen. Großbritannien hatte auch unter dem Krieg gelitten, war aber nicht besetzt gewesen. Und in den USA ging während des Krieges nicht eine Fensterscheibe zu Bruch. Briten und Amerikaner sahen die deutsche Frage nüchtern und mit Kalkül. Sie schlossen am 1. Januar 1947 ihre Zonen zur Bizone zusammen. Dagegen protestierten Frankreich und die Sowjetunion.

Erhard und seine Leute[15] haben alles mitgemacht. Einschließlich der separaten Währungsreform, die die andere

Deutschlandhälfte ärmer machte: sowohl in Bezug auf Hoffnung, dass es einen gemeinsamen Staat geben könnte, als auch auf eine Verbesserung der Lebensverhältnisse. Die Industrie in Sachsen, Thüringen, Brandenburg, Mecklenburg, Sachsen-Anhalt und in Berlin lag zum großen Teil in Trümmern. Das musste aufgebaut werden. Daneben lasteten auf uns die Reparationen. Alles, was noch zu gebrauchen war – Anlagen, Maschinen, Schienen usw. – ging in die Sowjetunion. Was nicht demontiert wurde, produzierte weiter als Sowjetische Aktiengesellschaft bis weit in die 50er Jahre. Die Reparationslieferungen aus der amerikanischen Zone wurden schon 1946 beendet, Briten und Franzosen schlossen sich an. Die Sowjetunion holte sich das auch noch aus ihrer Zone. Die Mehrzahl der hier demontierten Industrieanlagen wurde in der Sowjetunion nie in Betrieb genommen, hier aber fehlten sie als Produktionsbasis.

Unter diesen Bedingungen und mit eigener Kraft aus diesem Trümmerhaufen einen Staat zu schaffen und Menschen eine Heimat zu geben, das ist eine Leistung, die nicht vergessen sein darf.

Es ist offensichtlich, dass die separate Währungsreform 1948 der entscheidende Schritt zur Wiedereingliederung des deutschen Imperialismus in das kapitalistische Weltsystem war. Und die Annexion der DDR 1990 ließ die Großmacht Deutschland wiedererstehen, die Nacht relativer Bedeutungslosigkeit war vorüber, der imperiale Morgen brach an.

Von heute betrachtet, wäre es vielleicht besser gewesen, kämpfend unterzugehen. Die Kapitulanten und Anhänger Gorbatschows im Politbüro haben den sang- und klanglosen Abgang der DDR vorbereitet und durchgeführt. Daran beteiligt waren die Verräter Schabowski und Krolikowski.

Ich sehe die Perestroika als ein Unglück für die Menschheit. Die Welt ist aus den Angeln gerissen. Golfkrieg, Balkankrieg, Krieg im Kaukasus, Moldawien, in der OECD 30 Millionen Arbeitslose, Miet- und Preiserhöhungen ohne Ende, die Bürger der DDR als Menschen 2. Klasse in Deutschland, die Beamten kommen aus Westdeutschland.

Die SED konnte erst spät ein großes Wohnungsbauprogramm in Angriff nehmen. Der Zement ging zuerst in die Reparation und blieb Engpass.

Die Zementfabriken mussten erst errichtet werden – gleichzeitig Hilfe – für RGW – Kuba etc.

Aufbau an der Trasse – Wohnungen, Kultur, Kindergärten etc.

Die BRD hatte 1949 90 Hochöfen, die DDR 4 Hochöfen.

So lange es Soldaten gibt, gibt es Waffengebrauchsbestimmungen.

Deutschland war in der Zeit zwischen 1945 und 1989 nicht der Nabel der Welt. Trotz allem Großmachtstreben ist es das auch heute nicht. Das wird einige nicht davon abhalten, von der großen Verantwortung zu reden, die nunmehr Deutschland habe. Weder die USA noch Japan und die übrige Welt werden sich nach den Direktiven aus Bonn richten. 1961, beim Mauerbau, schrie Bonn um Hilfe. Kennedy legte sich wieder schlafen, nachdem er informiert worden war.

Die Initiative dazu ging, warum soll man dies leugnen, von der Sowjetunion aus, von der sowjetischen Führung. Nie von den Deutschen, sagen die Russen. Zu keiner Zeit. Das konnten auch Rudolf Herrnstadt und der beste Artikel nicht aus der Welt schaffen.[16]

Es gab auch niemanden im Warschauer Pakt, der die an der Westgrenze eingeführte Ordnung aufheben wollte, denn sie war für das ganze Lager gut. Aber auch für die NATO.

Heute war es mal nicht heiß. Ein Glück. 16 Grad Celsius nachts, 22 am Tag.

Anmerkungen

1 Die Bundesrepublik Jugoslawien endet im Bürgerkrieg. Man spricht vom 10-Tage-Krieg in Slowenien (1991), dem Kroatienkrieg (1991-1995),

dem Bosnienkrieg (1992-1995) und dem Kosovokrieg (1999). Hier nahm Honecker Bezug auf den Krieg in Bosnien-Herzegowina. Dort hatte im Vorjahr das Parlament – gegen die Stimmen der serbischen Abgeordneten – die Unabhängigkeit des Landes erklärt, worauf Anfang 1992 die bosnischen Serben die Serbische Republik in Bosnien-Herzegowina ausriefen. Die Europäische Union erkannte Bosnien-Herzegowina an, daraufhin rückte die Jugoslawische Volksarmee ein. Am 30. Mai verhängte als Reaktion der UNO-Sicherheitsrat Sanktionen gegen Serbien und Montenegro, d. h. Jugoslawien. Am 2. August berichtete die US-Zeitung *Newsday* erstmals von Massenmorden in von bosnischen Serben eingerichteten Internierungslagern. Am 9. Oktober 1992 verhängte der UN-Sicherheitsrat ein Verbot für militärische Flüge über Bosnien-Herzegowina, das in der Operation *Sky Monitor* von der NATO überwacht wurde. Danach entwickelte sich ein militärischer Konflikt mit NATO-Beteiligung, der sich über Jahre hinzog und von Außenstehenden kaum zu durchschauen war.

2 Honeckers Annahme, dass der Untergang des Ostblocks und damit das Ausscheiden eines Machtfaktors aus der Weltpolitik, der allein durch seine Existenz Konflikte in bestimmten Regionen gedeckelt, d. h. befriedet hat, ist so abwegig nicht. Die Bundeszentrale für politische Bildung 2011 dazu auf ihrer Homepage: »Als das bipolare System auf der Nordhälfte der Erde in sich zusammenfiel, geriet auch die politische Landkarte in Teilen der Dritten Welt in Bewegung. Wo vormals der Osten wie der Westen Einfluss genommen hatten, gewannen nun immer öfter lokale wie regionale Macht- und Stammesinteressen die Oberhand. So sind seit 1989[...] gewaltsame Konflikte nicht weniger geworden. Manche Staaten sind sogar in ihrer Existenz gefährdet und zu einem Hort organisierten Verbrechens geworden. Diese Entwicklung bleibt oft sich selbst überlassen, weil sich im Norden dieser Welt keine Seite mehr dafür verantwortlich fühlt.« (*http://www.bpb.de/publikationen/CFXDPX,1,0,Au%DFen_und_Sicherheitspolitik_vor_neuen_Herausforderungen.html*)

3 Gerald Götting, Jahrgang 1923, schloss sich im Januar 1946 der CDU an. Von 1949 bis 1966 war er Generalsekretär, danach – bis 1989 – deren Vorsitzender. In der Nachfolge von Johannes Dieckmann (LDPD, von 1949 bis 1969 Präsident der Volkskammer) bis 1976 Parlamentspräsident, danach, bis 1989 Vizepräsident. Von 1960 bis 1989 war er Stellvertretender Staatsratsvorsitzender.

4 Manfred Gerlach (1928-2011), von 1967 bis 1990 Vorsitzender der Liberaldemokratischen Partei Deutschlands (LDPD) und von 1960 bis 1989 Stellvertretender Staatsratsvorsitzender. Honeckers Zweifel an Gerlachs Loyalität gründet nicht zuletzt auf dem Zeitungsbeitrag vom 20. September 1989, in dem er die Führungsrolle der SED infrage stellte, und dessen Ehrgeiz, nach dem Rücktritt von Krenz als »amtierendes Staatsoberhaupt« zu reüssieren. Im Unterschied zu anderen Parteifreunden wechselte er 1990 in die FDP. Nach der Einleitung eines Parteiausschlussverfahrens 1992 wegen des Vorwurfes, Leipziger LDPD-Mitglie-

der bei den sowjetischen Militärbehörden denunziert zu haben, trat Gerlach am 23. November 1993 aus der FDP aus. Man kann Honeckers Bemerkung zu Gerlach so deuten, dass er davon Kenntnis hatte.

5 Heinrich Homann (1911-1994), von 1952 bis 1967 stellvertretender Vorsitzender der Nationaldemokratischen Partei Deutschlands (NDPD), von 1972 bis 1989 Vorsitzender. Von 1960 bis 1989 Stellvertretender Staatsratsvorsitzender.

6 Ernst Goldenbaum (1898-1990) führte die Demokratische Bauernpartei (DBD) von ihrer Gründung 1948 bis 1982, von 1976 bis 1982 war er Stellvertretender Staatsratsvorsitzender. Er kam aus der USPD, trat dann zur KPD über und kam 1944 ins KZ Neuengamme. Er war einer der wenigen Überlebenden des Untergangs der »Kap Arkona«, auf die die SS die Häftlinge bei Kriegsende getrieben hatte.

7 Nach Angaben der Bundeswehr vom 29. August 2011 liegt die Zahl der bei Auslandseinsätzen seit 1992 ums Leben gekommenen Bundeswehrangehörigen bei 99. Sie enthält nicht die Todesfälle des Kommandos Spezialkräfte, da diese Angaben der Geheimhaltung unterliegen. (*http://de.wikipedia.org/wiki/Todesfälle_bei_Auslandseinsätzen_der_Bundeswehr* vom 10. Dezember 2011)

8 Honeckers Anwalt Friedrich Wolff zur Arztvisite: »Prof. Schneider hatte am 11. August Erich Honecker aufgesucht und die Mitteilung von Rex auch seinerseits bestätigt. Gleichzeitig hatte er die Haft- und Vernehmungsfähigkeit weiterhin bejaht und sich zur Frage der Verhandlungsfähigkeit im Hinblick auf die mutmaßliche Verhandlungsdauer wiederum nicht definitiv geäußert. Becker und ich informierten Margot Honecker und andere Angehörige telefonisch über die neuesten ärztlichen Befunde. Gleichzeitig musste ich darüber berichten, dass das Sozialgericht die Klage gegen die Aberkennung der Entschädigungsrente als Verfolgter des Naziregimes abgewiesen habe.«

9 Gemeint ist Konrad Naumann, der am 25. Juni 1992 in Quito in Ekuador 63-jährig einem Herzinfarkt erlegen war. Naumann, seit 1946 FDJ-Funktionär, war u. a. von 1957 bis 1964 Sekretär des FDJ-Zentralrats. Von 1971 bis zu seiner Ablösung 1985 war er 1. Sekretär der SED-Bezirksleitung Berlin, von 1973 Kandidat, von 1976 bis 1985 Mitglied des SED-Politbüros, ab 1984 auch Sekretär des ZK der SED.

10 Nach einem Auftritt von Konrad Naumann vor Hörern in der Akademie für Gesellschaftswissenschaften beim ZK der SED kam es im Politbüro des ZK zu einer Auseinandersetzung mit ihm über parteischädigendes Verhalten. Auf Vorschlag Honeckers wurde er von seinen Funktionen entbunden. An der Diskussion hatten sich alle Mitglieder und Kandidaten des Politbüros beteiligt. Öffentlich wurden gesundheitliche Gründe für die Entbindung von den Funktionen genannt. Naumann wurde wissenschaftlicher Mitarbeiter in der Staatlichen Archivverwaltung in Potsdam. Einen Hinweis auf Alkohol gab es offiziell nie.

11 Günter Schabowski übernahm als Nachfolger Naumanns dessen Funktionen. Als 1. Sekretär der BL und ZK-Sekretär galt er als Scharfmacher

Zu Gast bei den Grenztruppen der DDR: von rechts nach links Manfred Gerlach (LDPD), Ernst Goldenbaum (DBD) und Heinrich Homann (NDPD), 1981

und Hardliner. Zeitweise war er als Nachfolger Erich Honeckers für die Position des Staatsratsvorsitzenden und Generalsekretärs im Gespräch. Im sogenannten zweiten Politbüroprozess wurde Schabowski am 25. August 1997 wegen Totschlags zu einer Strafe in Höhe von drei Jahren verurteilt. Im Dezember 1999 trat er die Haftstrafe in der Justizvollzugsanstalt Berlin-Hakenfelde an, wurde jedoch schon nach einem knappen Jahr Haft im offenen Vollzug am 2. Dezember 2000 entlassen, nachdem er im September 2000 vom Regierenden Bürgermeister von Berlin Eberhard Diepgen begnadigt worden war, da er sich zu seiner moralischen Schuld als SED-Funktionär bekannt hatte.

12 Franz Josef Strauß: »Die Erinnerungen. postum«. Berlin 1989

13 Stefan Heym: »Schwarzenberg«, Erstveröffentlicht 1984 bei Bertelsmann, in der DDR 1990 im Buchverlag Der Morgen

14 Vom 3. bis 5. November 1947 trafen sich im »Haus Altenberg« bei Köln Vertreter von Jugendverbänden, um Möglichkeiten einer interzonalen Zusammenarbeit und eines gesamtdeutschen Jugendringes zu prüfen. Auf diese Konferenz hatte besonders die FDJ gedrängt, deren Vorsitzender Erich Honecker war. Er war dort der Wortführer der FDJ aus der sowjetischen Besatzungszone, wie Augenzeugen berichten. Heinz Westphal war der Sprecher der sozialistischen Jugend »Die Falken«, der Bund der Katholischen Jugend wurde von Josef Rommerskirchen vertreten. Dieses gesamtdeutsche Treffen war der Höhepunkt, zugleich auch der Abgesang auf eine gemeinsame Jugendvertretung, wofür die durch den Kalten Krieg zunehmende Verfestigung der Zonengrenzen ursächlich war. 1989 erschien eine Publikation des Bundesjugendringes mit einem

gemeinsamen Artikel von Honecker, Rommerskirchen und Westphal, in dem sie an dieses Treffen erinnerten

15 Zur Verwaltung der Bizone wurden Ämter für Post, Verkehr, Wirtschaft, Finanzen, Arbeit sowie Ernährung und Landwirtschaft eingerichtet, an deren Spitze Direktoren standen. Im März 1948 beriefen die Besatzungsmächte Ludwig Erhard zum Direktor der Wirtschaftsverwaltung. Sitz der Bizonen-Verwaltungen war Frankfurt am Main. Obwohl Frankreich von Anfang an zur Beteiligung aufgefordert wurde, trat es erst am 8. April 1949 der Bizone bei, die sich damit zur Trizone erweiterte. Zunächst nur aus rein wirtschaftlichen Interessen gegründet, wurden Bizone und Trizone und ihre Institutionen jedoch im Zuge des Kalten Krieges zu Vorläufergebilden der Bundesrepublik Deutschland, heißt es zutreffend in der Darstellung der Stiftung Haus der Geschichte der Bundesrepublik Deutschland

16 Honecker spielt auf den Beitrag von Rudolf Herrnstadt »Über ›die Russen‹ und über uns« an, der am 19. November 1948 im *Neuen Deutschland* erschien. Dort wurde eingeräumt, dass es 1945 zu Übergriffen durch sowjetische Soldaten gekommen sei und die sowjetische Dominanz selbst in der SED als Belastung wahrgenommen werde. Zugleich jedoch spitzte Herrnstadt alles auf die zentrale Frage zu, warum die UdSSR selbst von Genossen noch immer mit den Augen des Gegners gesehen werde, weshalb er eine offensive Auseinandersetzung mit diesem Thema forderte. »Wer die Sowjetunion ›mit Auswahl‹ bejaht, verneint sie.«

12. August

In der Nacht wurde ich wieder wach durch einen Krampf im linken Bein und Fuß. Ich weiß nicht, woher dies auf einmal kommt. In Moskau hat es angefangen, hier setzt es sich fort. Aber man sagt: nichts Besonderes. Es sei eben das Alter.

Nun gut, in einigen Tagen werde ich 81. Das ist schon ein hohes Alter. Vater und Mutter erreichten auch ein hohes Alter.[1] Dabei war Papa 35 Jahre in der Steinkohle tätig. 35 Jahre tief unter der Erde. Die Bergarbeiter der Grube, auf der er gearbeitet hat, haben mir eine Grubenlampe und eine Plakette geschickt. Als Andenken an meinen Vater, der dort lange Zeit Sicherheitsmann war. Das heißt ein Vertrauensmann, er fuhr als Erster in den Schacht mit der Lampe, um die Wetterführung zu prüfen und ob auch sonst alles in Ordnung war. Er war sehr stolz auf dieses Vertrauen, das die Kumpel ihm schenkten. Sie konnten sich stets auf ihn verlassen.

Ja, und meine Mama, was soll ich sagen? Ihre Sorge galt bis ins hohe Alter den Kindern. Wir waren immerhin sechs. Drei Mädel, drei Jungs, also alles gut verteilt. Unser Jüngster, Robert, wurde mitten im Bergarbeiterstreikjahr 1923 geboren und im Jahr der Kämpfe in Mitteldeutschland und Hamburg. Aber das war jenseits der Grenze, im Reich. Wenn ich an diese Zeit zurückdenke, erinnere ich mich an Hans Marchwitzas Buch »Die Kumiaks«[2]. Es ist dem Leben und Kampf der Bergarbeiter gewidmet. Ein Spruch daraus kennzeichnet alles: »Schinken ist ein gutes Essen. Ich habe zwar noch keinen gegessen, ich habe aber schon neben einem gesessen, der hat einen einen Schinken essen sehen.« Heute unvorstellbar, aber wahr.

Obwohl es unter den vielen Arbeitslosen heute vermutlich nicht wenige gibt, die sich in einer ähnlichen Lage befinden. Und das, obgleich dieses Deutschland reich ist. Ein Großteil seines Reichtums verdankt es dem Fleiß seiner Menschen und der Ausbeutung der Dritten Welt. An der Dritten Welt haben wir, hat die DDR, nie verdient. Die Plankommission und der Finanzminister haben genau Buch geführt. Kuba haben wir aufgrund des Embargos durch den Westen für alle Waren den doppelten Weltmarktpreis gezahlt oder zu diesen Konditionen mit Leistungen verrechnet. In Cienfuegos haben wir die größte Zementfabrik Lateinamerikas errichtet. Das war ein Leuchtturm der Hilfe aus der DDR für das revolutionäre Kuba. Die Fabrik produziert noch heute.

Wir haben solidarische Hilfe geleistet für Chile, für Nicaragua, Angola, Mocambique, Äthiopien, Nordkorea und viele andere Staaten. Die Solidarität hat aber auch der DDR geholfen, wir stärkten unser Ansehen in der Welt.

16.30 Uhr. Ich wollte zum Zahnarzt, als Dr. Wolff kam. Das Gespräch mit ihm war trotz der Schmerzen wichtiger. Vor allem wollte ich wissen, wie es Dir geht.[3] Seit dem Gespräch bin ich ruhiger. Nein, Margot, bleib dort, bleib bei den Kindern, die Dich brauchen.

Anmerkungen

1 Wilhelm Honecker (1881-1969) wurde 88, seine Frau Catharina (1883-1963), geb. Weidenhof, 80, obwohl sie sechs Kinder hatten (Käthe, 1906-1925; Willi, 1907-1944; Frieda, 1909-1974; Erich, 1912-1994; Gertrud, 1917-2010; Karl-Robert, 1923-1947).

2 Hans Marchwitza (1890-1965) war ein proletarischer Schriftsteller. Im Exil in Zürich erschien 1934 der Roman »Die Kumiaks« als erster Teil eines gleichnamigen Romanzyklus über eine Arbeiterfamilie, deren Verhalten während verschiedener zeitgeschichtlicher Ereignisse geschildert wird. Im ersten Band kommt der Landarbeiter Peter Kumiak mit seiner Familie von Oberschlesien ins Ruhrgebiet, wo er als Bergarbeiter in die Kämpfe der Jahre 1922/23 verstrickt wird. Die Folgebände erschienen in der DDR 1952 (»Die Heimkehr der Kumiaks«) und 1959 (»Die Kumiaks und ihre Kinder«).

3 Abweichend von dieser Darstellung heißt es bei Wolff: »Als ich unseren Mandanten am 12. August wieder aufsuchte, hatte er selbst mit seiner Frau telefoniert. Er war weiterhin frei von Sentimentalität. Honecker informierte mich über die Situation, die zum Mauerbau geführt hatte

und erklärte: Die Mauer wurde auf Initiative der UdSSR gebaut. Er selbst habe bis Juli 1961 nichts von diesem Vorhaben gewusst. Er wies weiter darauf hin, dass in Berlin damals noch Besatzungsrecht galt und die Botschafter der vier Mächte Kontakt zueinander hielten. Wir sprachen auch über seinen möglichen künftigen Aufenthaltsort. Dabei sprach er sich dezidiert gegen Chile aus, was offenbar auf die Umstände seiner Auslieferung zurückzuführen war. Dagegen fasste er Korea ins Auge – ›schon aus Dankbarkeit‹ –, ferner Kuba und Dänemark, wohin er vom Mitglied des ZK der dänischen KP, Ingmar Wagner, eingeladen worden war.«

13. August

Im Rundfunk kommen die Meldungen zum Tage. Die »Arbeitsgemeinschaft 13. August« würdigt die »Toten an der Mauer«, selbstverständlich fällt kein Wort zu den erschossenen Grenzsoldaten. Gestern, so sagte der Anwalt, hätten sie das Ermittlungsverfahren um Mord erweitert, natürlich gegen mich, Stoph, Mielke. Es gäbe einen Beschluss über eine »Hinrichtung«. Ich kann mich beim besten Willen nicht entsinnen. Sie fabrizieren eine Lüge nach der anderen.

Es soll in der DDR so gewesen sein, wie heute ihre Regenbogenpresse die Geschichte malt. Aber nicht nur die. Andere machen es nur viel feiner. Ich bin gespannt, ob einige Herrn aus dem Westen den Mut aufbringen zu sagen: So war es nicht! In der Hetze gegen die DDR und ihre Führung gehen sie sogar so weit, uns auf die Ebene der braunen Mörder zu heben. So sollen offenbar die Verbrechen des Hitlerreiches vergessen gemacht werden, die Barbarei gegen das eigene Volk, der brutale Mord an den jüdischen Mitbürgern, der Zweite Weltkrieg, der über 50 Millionen Menschen das Leben kostete.

Wir wollen die Nazis stürzen, damit Deutschland lebt. Das schreibe ich nicht erst heute in dieser dunklen Stunde, in einer Zelle, das verbreitete ich bereits in den Jahren 1933 bis 1935, als wir unter der Losung »Schlagt Hitler an der Saar« eine breite Volksfront aufbauten, um ihm eine Niederlage zu bereiten.[1] Aber die verführte Masse wählte Hitler, viereinhalb Jahre später begann der Zweite Weltkrieg. Sie hörten nicht auf den Vortrupp, auf die Antifaschisten, die Kriegsgegner. Soll sich das wiederholen?

Ich vernehme heute die Parolen und Kampflieder der Neonazis. Man sagt, das sei eine kleine Minderheit, harmlose Idioten, man habe alles unter Kontrolle. Hitler und seine Anhänger begannen auch als eine kleine Minderheit – aber 1933 war er Kanzler und seine Minderheit Regierungspartei.

Zwanzig Jahre nach dem Saarentscheid, 1955/56, studierte ich intensiv in Moskau.[2] Das Studium stützte sich auf die Klassiker des Marxismus-Leninismus. Wir beschäf-

Nach dem Saarentscheid setzte sich Honecker in die Niederlande ab und bekam in Amsterdam diesen Pass

tigten uns mit der politischen Ökonomie des Imperialismus und des Sozialismus, dem Aufbau des Sozialismus in der Sowjetunion und anderen Ländern sowie mit der Geschichte der internationalen Arbeiterbewegung. Das alles vollzog sich – im Gegensatz zu 1930/31[3] – ohne Verbindung nach draußen, zur Praxis des Sozialismus. Wir hatten keine Verbindung zu Industriebetrieben, keine zu Kolchosen oder Sowchosen, keine engen Beziehungen zum gesellschaftlichen Leben. Wir nahmen nur die Oberfläche wahr.

Dennoch spürten wir, dass die Gesellschaft sich veränderte und große Veränderungen sich andeuteten. Chruschtschows Paukenschlag auf dem XX. Parteitag stürzte die KPdSU von einem zum anderen Tag, sozusagen über Nacht, in eine instabile Lage.[4] Der Boden, auf dem bis dahin die Sowjetunion stand, begann zu wanken. Dies wirkte sich auf die DDR aus. Ich fühlte mich zerrissen, als ich an der 3. Parteikonferenz der SED teilnahm, zu der ich im März 1956 nach Berlin gereist war. Walter Ulbricht kritisierte die »jungen Genossen«, die bestimmte Dogmen und die Biografie des Genossen Stalin auswendig gelernt hätten und besser beherrschten als das ganze Politbüro. Willi Bredel hingegen bekam viel Beifall, weil er die Jugend, die daran doch schuldlos war, verteidigte und zugleich klarmachte, warum J. W. Stalin kein Klassiker mehr sein durfte. Walter, der sich den kritischen Fragen stellte, räumte ein: »Ich glaube, Genossen, wir haben in den letzten Jahren alle Fehler gemacht.«

Die Auseinandersetzungen an der Parteihochschule in Moskau spitzten sich zu. Ein Philosophieprofessor erklärte beispielsweise: »Jetzt haben auch wir einen Hitler – nämlich Stalin.« Das war starker Tobak. Nach 1985 erlebten wir dies erneut. Stalin und seine Verbrechen mussten zur Untermauerung von Gorbatschows Perestroika herhalten. Bei Chruschtschow wie bei Gorbatschow wurde der Mangel an theoretischem Denken, das Fehlen einer marxistisch-leninistischen Konzeption für Gegenwart und Zukunft, durch Fehlerdiskussionen zugedeckt. Gorbatschows

Weg zur »Perestroika für die ganze Welt« zeigte, dass er den Marxismus-Leninismus bereits ganz verlassen hatte. Mit Losungen, die er immer wieder auswechselte, schuf er die Voraussetzungen zum Ruin der KPdSU und der Sowjetunion.

Zunächst forderte er: Alle Macht den Räten und mehr Demokratie. Mit dieser Losung schaltete er die Partei aus. Danach hieß es: Alle Macht dem Präsidenten. Und der Präsident beseitigte die Supermacht und sich selbst. Jelzin schließlich zerschlug die UdSSR. Gorbatschow und Jelzin spielten sich den Ball zu. »Ich werde den Kommunismus ausrotten«, machten beide deutlich. Das jedoch – davon bin ich in meiner Moabiter Zelle überzeugt – wird ihnen nicht gelingen.

Draußen fällt ab und zu Regen, das ist eine Erleichterung nach der Hitze von fast 40 Grad.

21.13 Uhr: Ich muss noch schnell aufschreiben, dass die Rechtsanwälte Becker und Ziegler hier waren. Es wurde alles besprochen, über das man nach dem jetzigen Stand reden kann und muss. Zuerst hat Herr Becker mich

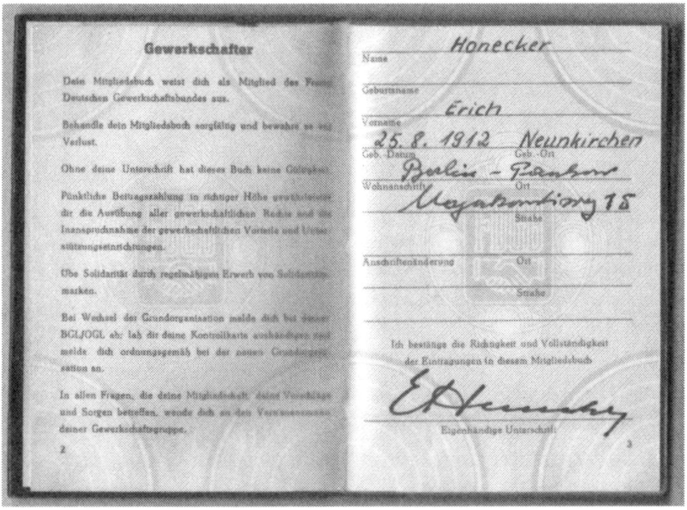

Gewerkschafter

Dein Mitgliedsbuch weist dich als Mitglied des [illegible] Deutschen Gewerkschaftsbundes aus.

Behandle dein Mitgliedsbuch sorgfältig und bewahre es [illegible] Verlust.

Ohne deine Unterschrift hat dieses Buch keine [illegible]

Pünktliche Beitragszahlung in richtiger Höhe [illegible] dir die Ausübung aller gewerkschaftlichen Rechte und die Inanspruchnahme der gewerkschaftlichen Vorteile und Unterstützungseinrichtungen.

Übe Solidarität durch regelmäßigen Erwerb von [illegible]marken.

Bei Wechsel der Grundorganisation melde dich bei [illegible] BGL/OGL ab; laß dir deine Kontrollkarte [illegible] und melde dich ordnungsgemäß bei der neuen Grundorganisation an.

In allen Fragen, die deine Mitgliedschaft, deine [illegible] und Sorgen betreffen, wende dich an den [illegible] deiner Gewerkschaftsgruppe.

2

Name: Honecker

Geburtsname:

Vorname: Erich

Geb.-Datum: 25. 8. 1912 Geb.-Ort: Neunkirchen

Wohnanschrift Ort:

Straße:

Anschriftenänderung Ort:

Straße:

Ich bestätige die Richtigkeit und Vollständigkeit der Eintragungen in diesem Mitgliedsbuch

Eigenhändige Unterschrift

3

In Honeckers Nachlass befinden sich fünf FDGB-Mitgliedsausweise, dies ist der letzte, ausgestellt 1979

über Dich informiert. Es ist gut, dass Du Dich jetzt etwas zurücknimmst, ich möchte nicht, dass Deine Gesundheit durch die Sorge um mich zusätzlich belastet wird. Du hast seit 1989 selbst genug durchgemacht, Du darfst Dir das nicht noch zusätzlich aufbürden. Ich hoffe, dass Du Dir keine allzu großen Sorgen machst.

Herr Ziegler brachte mir von Dr. Wolff eine gute Nachricht, ich kann Dir etwas Geld senden. Ich habe Geld übrig, weil ich keins benötige. Gestern kamen 200 DM von einem antifaschistischen Widerstandskämpfer aus München, Eva[5] hat auch an mich gedacht – es denken viele an mich.

Alle drei Rechtsanwälte haben sich mit dem medizinischen Befund beschäftigt. Wir stimmen da überein.

Zeitungen bekomme ich auch laufend, so dass ich im Bilde bin über das, was draußen passiert. Ich hoffe sehr, dass ich in der Lage bin, unsere Sache, die Sache der Republik, zu vertreten. Das sehe ich als meine letzte Aufgabe an.

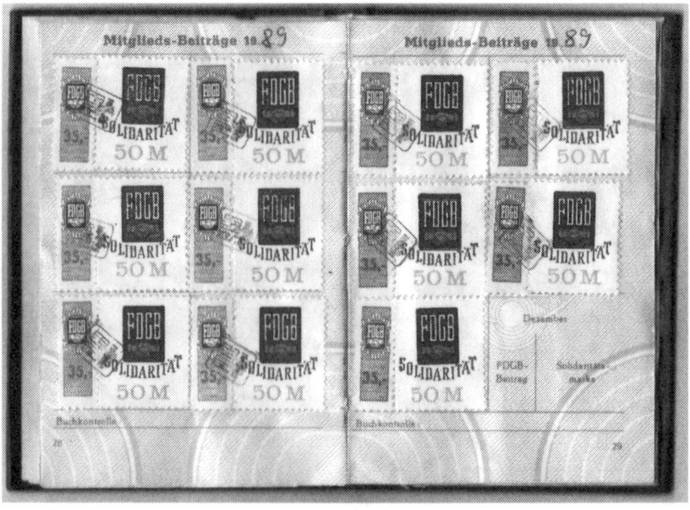

Honeckers letzter Gewerkschaftsausweis. Bis November 1989 ist »geklebt«, d. h. er zahlte monatlich 35 Mark Mitgliedsbeitrag und entrichtete 50 Mark für die Solidarität. Im hinteren Teil finden sich weitere Spendenmarken

Anmerkungen

1 1920 war im Vollzug des Versailler Abkommens das Saargebiet vom Deutschen Reich abgetrennt worden. Das knapp zweitausend Quadratkilometer große Territorium wurde Mandatsgebiet des Völkerbundes, Frankreich erhielt 15 Jahre lang zur Wiedergutmachung die dort geförderte Kohle. Im Januar 1935 sollte in einem Volksentscheid über den Anschluss an das Deutsche Reich entschieden werden. Angesichts der dort seit 1933 herrschenden politischen Verhältnisse kämpften aus verständlichen Gründen nunmehr die linken Parteien für die Beibehaltung des Status quo, während sich die bürgerlichen und nationalistischen Parteien in einer »Deutschen Front« für den Anschluss aussprachen. Volksempfänger wurden verteilt und in zahlreichen Sendungen betont, das Saargebiet gehöre zu Deutschland. Im Zuge dieses von Joseph Goebbels geleiteten Propagandafeldzuges wurden 1.500 Versammlungen und Kundgebungen sowie über 80.000 Plakate eingesetzt. Am 13. Januar 1935 stimmten 90,73 Prozent der Wähler für eine Vereinigung mit Deutschland (»Heim ins Reich«), 8,86 Prozent für den Status quo und 0,4 Prozent für eine Vereinigung des Saargebietes mit Frankreich. Unmittelbar danach gingen etwa 4.000 bis 8.000 Hitlergegner ins Ausland.

2 Honecker absolvierte, nachdem er auf dem V. FDJ-Parlament im Mai 1955 nicht wieder für den Vorsitz in der FDJ kandidiert hatte, einen Einjahreslehrgang an der Parteihochschule des ZK der KPdSU in Moskau.

3 1930/31 hatte Honecker einen Kursus an der Lenin-Schule der Komintern in Moskau besucht. Diese internationale Bildungsstätte bestand nur zwölf Jahre, von 1926 bis 1938, und wurde bis zu dessen Parteiausschluss von Nikolai Bucharin geleitet. Von Januar bis Mai 1932 leitete Wilhelm Pieck die Lenin-Schule. Etwa 3.500 Kommunisten aus 59 Ländern wurden dort politisch qualifiziert, jeder zehnte kam aus Deutschland.

4 Der XX. Parteitag der KPdSU vom 14. bis zum 26. Februar 1956 war der erste nach dem Tod von Stalin am 5. März 1953. Er stellte einen Wendepunkt in der Geschichte der Sowjetunion dar. In einer fünfstündigen Geheimrede vor den Delegierten verurteilte Chruschtschow seinen Vorgänger, der sich verschiedener Verbrechen schuldig gemacht habe – ohne jedoch zu erwähnen, dass an den Entscheidungen das Politbüro, dem er selbst angehört hatte, beteiligt war. Zuhörer berichteten, das Auditorium habe die Rede in völligem Schweigen und mit lähmendem Entsetzen aufgenommen. Niemand habe gewagt, seinen Nachbarn anzublicken. Es habe keine Aussprache gegeben. Jede mündliche oder schriftliche Weitergabe des Gehörten wurde den Delegierten untersagt. In der DDR distanzierte sich auch Walter Ulbricht nach seiner Rückkehr aus Moskau von Stalin. Im *Neuen Deutschland* erklärte er: »Zu den Klassikern des Marxismus kann man Stalin nicht rechnen« Die SED brauche keine Entstalinisierung, sagte er, da ihre Mitglieder ohnehin keine Stalinisten seien.

5 Eva Ruppert

14. August

Heute Nacht war der Kreislauf durcheinander. Ursache? Ich weiß es nicht. Es war nichts Aufregendes passiert, wenn man von der Eröffnung der »Wahrheit« über meine Befunde absieht. Darüber hatten gestern die Rechtsanwälte mit mir gesprochen. Also keine Überraschung. Blutdruck 90/160, Puls 130 – das war etwas viel. Gegen 23.30 Uhr kamen die Ärzte, machten ein EKG. Weil ich starke Herzrhythmusstörungen hatte, bekam ich eine Schlaftablette zur Beruhigung.

Lag die ganze Nacht wach. Früh 7 Uhr immer noch Puls 100, Blutdruck normal. Nun, man wird sehen.

Heute wird Dr. Wolff kommen. Bis dahin werde ich mich diesem Tagebuch widmen.

Habe die *UZ* gelesen. Es gibt dort einige »Marxisten«, die nichts begriffen haben, zum Beispiel einen Genossen Meyer aus Bremen. Jetzt, wo alles klar sein sollte, ist bei ihm noch alles wie 1989/90. Es ist wohl schwer zu begreifen, dass die Perestroika ein Unglück für die Menschheit war.

Eine gute Unterbrechung: Dr. Wolff war hier. Viele Fragen wurden besprochen. Die Rechtsanwälte haben heute einen Schritt unternommen, der nach Lage der Dinge notwendig war.[1] Soll die deutsche Justiz doch sehen, wie die Welt auf den Fall Honecker, Stoph, Mielke, Keßler, Streletz sehen wird. Schade, ja recht bedauerlich, dass die Gesundheit in einer so wichtigen Frage wie diesem Prozess nicht so mitmacht, wie sie sollte.

Ich habe im Anschluss an Dr. Wolff einen Besuch bekommen, auf den ich schon lang wartete: Hans Wauer. Ich war froh, ihn umarmen zu können. Viele Grüße brachte er mit von unseren Freunden, von Kurt Seibt[2], Günther Jahn[3], Ernst Timm[4] und anderen Genossen aus vielen Gefilden der Welt. Er brachte auch Grüße von

Nina[5]. Ich habe selbstverständlich auch Grüße an Dich übermittelt, ihr habt ja miteinander telefoniert.

So, jetzt will ich für heute Schluss machen, um den Kreislauf nicht weiter zu belasten. An was soll man alles denken? Die Klärung von Gegenwart und Zukunft ist das Wichtigste für unsere Gemeinschaft von Kommunisten.

Anmerkungen

1 Rechtsanwalt Friedrich Wolff: »Am 14. August stellten wir den Antrag: ›1. die Eröffnung des Hauptverfahrens abzulehnen, 2. den Haftbefehl gegen Herrn Honecker aufzuheben.‹ In der Begründung unseres Antrages hieß es: ›Es ist hier nicht ein Fall zu entscheiden, bei dem es um eine potentielle Lebensgefährdung alleine geht, die bei Durchführung des Strafverfahrens eintreten könnte, sondern es ist medizinisch leider absolut sicher, dass unser Mandant aufgrund dieser Krankheit in absehbarer Zeit sterben wird. Er hat das Recht, in Würde und Ruhe zu sterben, ohne die Zeit bis zu seinem Tode Objekt eines öffentlichen Strafverfahrens zu sein. Die Kammer ist im Rahmen ihrer Pflicht zur Achtung der Menschenwürde auch aus diesem Gesichtspunkt gehalten, das Verfahren gegen Erich Honecker nicht durchzuführen. Es ist deshalb auch nicht gerechtfertigt, das Verfahren gegen einen dem Tode nahen Beschuldigten überhaupt zu beginnen, vielleicht in der Hoffnung, er könnte vielleicht doch noch das Ende des Prozesses, in welchem körperlichen und seelischen Zustand auch immer, erleben.‹ Wir wiesen auch darauf hin, ›dass nunmehr offensichtlich geworden ist, dass durch das fehlerhafte Gutachten der Spezialpoliklinik in Moskau vom 3. März 1992 nicht nur die Öffentlichkeit, sondern insbesondere die chilenische Regierung getäuscht worden ist, dem Überstellungsbegehren der Bundesrepublik Deutschland sich zu öffnen.‹ Der Hinweis auf die Achtung der Menschenwürde erfolgte in diesem Schriftsatz zum ersten Mal. Er wurde unser ständiges Argument.«

2 Kurt Seibt (1908-2002), Vorsitzender der Zentralen Revisionskommission der SED (ZRK) von 1976 bis 1989, von 1941 bis 1945 wie Honecker Häftling in Brandenburg-Görden

3 Günther Jahn, 1. Sekretär des FDJ-Zentralrats von 1967 bis 1973, von 1976 bis 1989 1. Sekretär der SED-Bezirksleitung Potsdam

4 Ernst Timm (1926-2005), 1. Sekretär der SED-Bezirksleitung Rostock von 1975 bis 1989

5 Möglicherweise Nina Hager, Tochter Kurt Hagers, stellvertretende Vorsitzende der DKP. Margot Honecker ist im Zweifel, dass es sich um Nina Hager handeln könnte, weiß aber auch nicht, wer sonst damit gemeint sein könnte.

15. August

Gestern kam durch den Rundfunk, dass Willi Stoph[1] aus gesundheitlichen Gründen Haftverschonung erhält. Das freut mich, lässt mich aber gleichzeitig erkennen, mit welcher Gründlichkeit man vorgeht, um den Kern der Führung der DDR zu vernichten, physisch zu vernichten. Bis jetzt sind schon ausgeschieden[2]: Horst Sindermann[3], Joachim Hermann[4], Hermann Axen[5], Hans Albrecht[6] und Willi Stoph. Stophs »Haftverschonung« zeigt, dass er im Käfig bleibt. Nun, wir werden sehen, wie sich die Sache noch entwickelt.

In der Presse wird in diesen Tagen der Vorsitzende Richter[7] vorgestellt, sehr rechtslastig. Ich habe mir die Sache mal angesehen. Es stimmt, er ist wirklich über jeden Verdacht erhaben, jemals Sympathie für die DDR gehabt zu haben. Er war unter dem Pseudonym »Georg Riedel« Kommentator der Springer-Zeitung *Berliner Morgenpost*, die die DDR immer mit Gänsefüßchen versah. Er war ein äußerst aktiver Kommentator, der heftig Stimmung nach links machte. Alles, was er für »links« hielt, war demnach staatsfeindlich.

So erwirkte er ein zeitweiliges Berufsverbot gegen den Berliner Anwalt Henning Spangenberg[8], weil der die Erklärung seines Mandanten Fritz Teufel über einen geplanten Hungerstreik der Presse übergeben hat. Den Rechtsanwalt Detlev Müllerhoff ließ er 1978 einsperren, da er anwesend war, als Till Meyer von zwei Sympathisantinnen gewaltsam aus dem Gefängnis befreit wurde. Müllerhoff wird später rehabilitiert, weil er mit der Sache nichts zu tun hatte. Beim Radikalenerlass, d. h. beim Berufsverbot, schrieb Riedel im April 1978, käme es nicht darauf an, ob der Betreffende in einer Partei sei, sondern darauf, ob jemand Marxist oder Leninist ist. Denn der Marxist oder Leninist […] ist ein Verfassungsfeind.«

Bedarf es da noch eines Beweises für die Befangenheit dieses Richters? Es ist jedoch müßig, einen anderen zu suchen. Alle sind befangen. Sie sind Ausführende eines Auftrages eines kapitalistischen Staates, der Bundesrepublik Deutschland, nachdem diese die DDR von Russland und von M. S. Gorbatschow gekauft hat. Dieser wird gewiss eine Reihe Erklärungen abgeben: gegen meinen Prozess und für mich, das tat er schon früher. Er hätte mir ja ein Ausreisevisum geben können.

Ja, Gorbatschow. Michail Sergejewitsch, so habe ich ihn früher angesprochen. Von Werner Felfe[9] hörte ich zum ersten Mal etwas von ihm. Er war wie Felfe ja Sekretär für Landwirtschaft[10]. Felfe hatte eine Landwirtschaft, die sich sehen lassen konnte, bei der von Gorbatschow war das nicht der Fall. Das lag nicht an den Bauern, sondern an den fehlenden Möglichkeiten für die Entfaltung. Notwendig wäre es in der SU gewesen, als Erstes die ganze Kommunalstruktur auf dem Lande auszubauen. Straßen, Wohnungsbau, Schulen, Polikliniken, Fachschulen, und vor allem Lagerkapazitäten für Getreide und Kartoffeln. Etwa ein Drittel der Ernte gingen beim Transport und durch unsachgemäße Lagerung verloren.[11] Dann fehlte es an theoretischem Wissen über Anbaumethoden, Fruchtfolgen und Düngung, an landwirtschaftlichen Geräten und Maschinen ... Gorbatschow wollte als Landwirtschaftssekretär ein paar Mal in die DDR kommen, doch er kam nicht. Dafür war er in Kanada bei seinem Freund, dem Sowjetbotschafter Jakowlew[12].

Wie ist es um meinen »Freund« Gorbatschow bestellt? Wir haben uns gut verstanden, trotz aller Auseinandersetzungen. Im Sommer 1984 war ich im Urlaub, Tschernenko[13] auch. Meine Vertretung lag bei Krenz. In der Westpresse las ich etwas aus einem Artikel in der *Prawda*, damals Organ des Zentralkomitees der KPdSU. Jedes Wort war auch ein Wort des Politbüros der KPdSU. »Auf falschem Weg« war ein Kommentar dort überschrieben. Damit war die Führung der DDR gemeint. Genosse Honecker habe die Absicht, die Bundesrepublik zu besuchen, um mit Bundeskanzler Helmut Kohl zu sprechen ... Später wurde er der beste Freund von M. S. Gorbatschow. Ich aber sollte nicht mit Kohl reden. Das fand dann erstmals an Tschernenkos Grab in Moskau 1985 statt.

Heute früh besuchten mich Dr. Werner E. Platz[14] und Frau. Wir haben uns lange unterhalten. Dabei merkte ich, dass meine Konstitution doch nicht mehr so gut ist, wie ich oft meine. Ja, das ist eben so. Zwei Operationen, drei Krankenhäuser. Ich weiß wirklich nicht, was normal ist. Der Hexenmeister von Bonn[15], dessen offizieller Gast ich 1987 war, hatte nichts anderes zu tun, als Jelzin und Aylwin[16] zu bedrängen, damit seine Justiz mich bekommt.

Jetzt bin ich hier. Was will er mit mir? Er hat später den Ruhm, einen an Krebs Erkrankten juristisch verfolgt zu haben. So sind sie nicht einmal Eichmann[17] nachgejagt.

Seine Rechnung mit der Vereinigung, sprich Annexion, geht nicht auf. Deutschland ist staatlich vereinigt – aber es ist weiter gespalten. Jetzt gibt es Leute im Westen, die fordern die Mauer neu zu errichten, aber drei Meter höher. Sie haben recht, die Welt, nicht nur ihre, ist aus den Angeln.

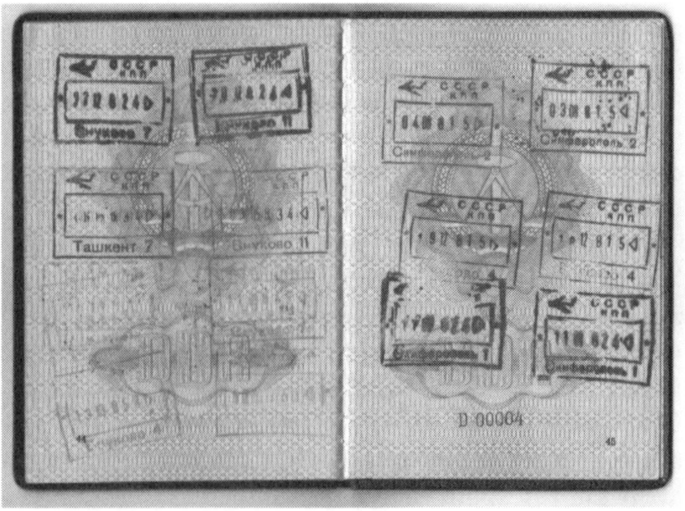

Neun Seiten im Pass: Ein-, Aus- und Durchreise in der UdSSR

Ich muss zurückkommen auf meinen Gesundheitszustand. Gegen 18 Uhr wurde ein EKG gemacht. Die Herzrhythmusstörung von vor zwei Tagen ist weg. Sonst das Gleiche. Der Puls geht sehr schnell. Ein schwerer Krampf auf der linken Seite und ein kurzer Stich von rechts nach links, der verschwindet, wenn ich mich hinsetze.

Gegen 18.30 Uhr war ein Arzt bei mir. Ich habe zu ihm Vertrauen. Der Druck im Kopf ist gestiegen. Der Puls ist immer noch über 100. Genauer hat man es mir nicht gesagt. Morgen soll ich keinen Kaffee zum Frühstück kriegen.

Ich wurde informiert, dass meine Anwälte einen Antrag auf Einstellung des Verfahrens und Aufhebung des Haftbefehls gestellt haben. Die Begründung ist für mich schwer zu ertragen, da es immer nur um Metastasen und meine Krankheit geht, aber ich muss der Wahrheit ins Auge sehen.

Ziegler hat ein Interview gegeben. Er hat keinen Zweifel gelassen, dass er das Moskauer Gutachten für falsch hält. Es kam eine Meldung, dass der *Spiegel* in der nächsten Ausgabe auf den ganzen Schwindel eingeht. Traurig, dass es so gekommen ist. Ich denke an die 19 Ärzte, die in Moskau die Erklärung abgaben – politische Erklärung oder Gutachten. Jetzt ist es ganz klar, liebe Margot, verzeihe mir, dass ich damals Kritik übte. Die Metastasen, die der Arzt durch Ultraschall feststellte, waren eben da. Das Konsil hat einfach gelogen. Nur war Stalin nicht da, Jelzin zog die Fäden.

Ich hoffe, dass Du die Kraft hast, nicht hierher zu kommen, die Hetze gegen Dich ist groß. Ich will Dich aufgrund der herrschenden Sippenhaft nicht hier haben, das wäre mein Tod. Also, meine Lieben: Kommt nicht! Ich habe nun für alle Fälle einen Brief an Dich geschrieben, der hier liegt, bis ich ihn absende.

So, meine Kleine – ein letzter Gruß für heute. Wenn ich mich besser fühle, werde ich morgen wieder schreiben zu einigen Fragen, die mir nicht unwichtig erscheinen.

Anmerkungen

1 Willi Stoph (1914-1999), Berliner, KPD 1931, seit 1945 in Wirtschaftsfunktionen erst in der KPD, dann SED tätig, ZK-Mitglied und Volkskammerabgeordneter seit 1950, seit 1953 im Politbüro. Von 1956 bis 1960 Verteidigungsminister. Von 1964 bis 1973 und von 1976 bis 1989 Vorsitzender des Ministerrates, dazwischen Vorsitzender des Staatsrates. Am 18. Oktober 1989 forderte er Honecker mit dem Satz zum Rücktritt auf: »Erich, es geht nicht mehr, du musst gehen.« Ausschluss aus der SED am 3. Dezember 1989. Am 8. Dezember wurde durch den Generalstaatsanwalt ein Ermittlungsverfahren unter dem Verdacht des Amtsmissbrauches und der Korruption zum Schaden der Volkswirtschaft und zur persönlichen Bereicherung gegen Willi Stoph eingeleitet, und er wurde verhaftet. Im November war ein Jagdhaus Stophs inmitten eines Naturschutzgebietes an der Müritz entdeckt worden. Im Februar 1990 wurde er jedoch aus gesundheitlichen Gründen aus der Haft entlassen und versuchte politisches Asyl in der Sowjetunion zu bekommen. Die Führung der KPdSU reagierte allerdings nicht auf sein Ansinnen. Verhaftung im Mai 1991 und Anklage mit Honecker, Albrecht, Sindermann, Hermann und Axen. Am 14. August 1992 aus der U-Haft entlassen, im Juni 1993 Verfahrenseinstellung wegen Verhandlungsunfähigkeit.

2 Die von Honecker nachfolgend genannten Personen sind nicht jene, die im laufenden Verfahren angeklagt waren, sind also nicht ausgeschieden. Einige waren zu jenem Zeitpunkt bereits verstorben.

3 Horst Sindermann (1915-1990), von 1973 bis 1976 Vorsitzender des Ministerrates, von 1976 bis 1989 Volkskammerpräsident. Ausschluss aus der SED am 3. Dezember 1989, unmittelbar nach seiner Entlassung aus der U-Haft verstorben am 20. April 1990 in Berlin

4 Joachim Hermann (1928-1992), seit 1973 Kandidat, seit 1978 Mitglied des Politbüros und ZK-Sekretär, zuständig für die Medienpolitik. Ausschluss aus der SED-PDS am 20. Januar 1990. Verstarb am 30. Juli 1992 in Berlin.

5 Hermann Axen (1916-1992), überlebte Auschwitz und Buchenwald, gehörte zu den Mitbegründern der FDJ 1946, seit 1963 Kandidat, seit 1970 Mitglied des Politbüros. Im Januar 1990, nach seiner Rückkehr von einer Augenoperation in der Sowjetunion, inhaftiert. Am 15. Februar 1992 in Berlin verstorben.

6 Hans Albrecht (1919-2008), von 1968 bis 1989 im Bezirk Suhl 1. Sekretär der SED-Bezirksleitung. Am 3. Dezember 1989 aus der SED ausgeschlossen und wegen Amtsmissbrauch und Untreue verhaftet. Als Stellvertretender Vorsitzender des Nationalen Verteidigungsrates im Mai 1991 neuerlich verhaftet. Im Oktober 1992 wurde er vom Landgericht Meiningen wegen Anstiftung zur Untreue zu knapp zweijähriger Haftstrafe verurteilt. Am 16. September 1993 im sogenannten Politbüro-Prozess gegen Honecker u. a. wegen Anstiftung zum Totschlag zu einer Strafe von viereinhalb Jahren Haft verurteilt. Das Strafmaß wurde am 26.

Juli 1994 vom Bundesgerichtshof wegen unmittelbarer Täterschaft auf fünf Jahre erhöht.

7 Der Vorsitzende Richter Hansgeorg Bräutigam im Urteil am 21. Januar 2008 (unter *http://www.blogsgesang.de/2008/01/21/kurzer-prozess-honecker-genossen-ein-staat-vor-gericht-teil-10/*): »Der 1937 geborene Bräutigam studierte in den durch den Mauerbau geprägten 60er Jahren an der Berliner Freien Universität die Rechtswissenschaft, machte 1964 das zweite juristische Staatsexamen und dann eine schnelle Karriere: Zunächst Beisitzer in der Berliner Jugendstrafkammer, 1967 Landgerichtsrat, in den 70er Jahren Justizpressesprecher bei den Senatoren Hoppe und Korber. 1977 wurde Bräutigam Ermittlungsrichter am Kammergericht und zeichnete sich besonders bei der Verfolgung tatsächlicher und vorgeblicher Terroristen aus. [...] Seine rechtskonservative und antikommunistische Gesinnung stellte Bräutigam in diesen Jahren – wenn auch unter Pseudonym – sogar öffentlich aus. Als ›Georg Riedel‹ schrieb er in der *Berliner Morgenpost* rechtspolitische Kommentare. In seiner Sicht wurden Atomkraftgegner ›kommunistische Gruppen‹, die sich ›sammeln zum Sturm auf Atomkraftwerke, um Polizeieinsätze herauszufordern‹ (März 1977). Zum ›geistigen Nährboden des Terrorismus‹ meinte er: ›Wissenschaftler, Geistliche und Publizisten pervertieren die Diskussion um den Rechtsstaat‹ (April 1977). Und er fand auch, dass es beim Radikalenerlass mit seinen Berufsverboten nicht auf Parteizugehörigkeit ankomme, ›sondern darauf, ob jemand Marxist oder Leninist ist. Denn der Marxist oder Leninist ... ist ein Verfassungsfeind‹ (April 1978). Die Berliner *tageszeitung* fasste ihre Charakteristik des ›Honecker-Richters‹ so zusammen: ›Nein, ein Monokel trägt Hansgeorg Bräutigam nicht. Ansonsten aber scheint sich der Vorsitzende Richter der 27. Großen Strafkammer am Berliner Landgericht eher bruchlos in die unangenehm-deutsche Traditionslinie politisch unterfütterter Rechtsprechung einzufügen.‹ [...] Im Prozess selbst versuchte Bräutigam, diesen Eindruck zu vermeiden und gab zum Beispiel den Angeklagten – vor allem Erich Honecker – die Möglichkeit zu ausführlichen, auch politischen Stellungnahmen. Doch in seiner Verhandlungsführung zeigte sich deutlich, dass er sich nicht frei von äußeren Einflüssen fühlte, denn er lenkte das Verfahren außerordentlich nervös und sprunghaft, entschied wenig souverän und leistete sich von Anfang an ganz offensichtliche Fehler. Vor allem aber konnte er kaum den Eindruck verdrängen, ständig auf die Reaktionen der Staatsanwaltschaft zu schielen, ehe er seine Entscheidungen traf.«

8 Diese wie auch die nachfolgenden Informationen entnahm Honecker der *taz*. Deren Aussagen wiederum wurden in dem 1993 bei Elefantenpress erschienenen Buch »Kurzer Prozess. Honecker & Genossen – ein Staat vor Gericht?« publiziert.

9 Werner Felfe (1928-1988), seit 1973 Kandidat, seit 1976 Mitglied des Politbüros und des Nationalen Verteidigungsrates, seit 1981 als ZK-Sekretär für die Landwirtschaft verantwortlich. Der *Spiegel* spekulierte

am 8. August 1988 über Honeckers Nachfolger und nannte neben Egon Krenz, Siegfried Lorenz und Günter Schabowski auch Werner Felfe.

10 Gorbatschow hatte 1966 in Stawropol am Landwirtschaftlichen Institut seinen Abschluss als Agrarbetriebswirt gemacht und war dort in verschiedenen Parteigremien für Landwirtschaft zuständig, ab 1978 als ZK-Sekretär in Moskau für die ganze Sowjetunion.

11 Eine nahezu traumatische Erfahrung Honeckers rührt aus dem Jahre 1985, als Botschafter Kotschemassow Honecker mitteilte, Leningrad hungere, ob die DDR nicht eine größere Menge Kartoffeln liefern könne. Honecker verdoppelte großzügig die genannte Menge (nicht nur aus Solidarität, sondern auch aus historischer Schuld: 1941 bis 1944 war von der Wehrmacht die Stadt belagert worden, etwa eine Millionen Leningrader verhungerten während dieser Blockade) und ließ die Kartoffeln verschiffen. Wochen später sprach Honecker Gorbatschow auf die Lieferung an, nachdem Gorbatschow es nicht für nötig erachtet hatte, sich dafür zu bedanken. Der KPdSU-Generalsekretär jedoch stellte sich unwissend und hielt es auch nach erfolgter Information nicht für nötig, darauf einzugehen. Spätere Recherchen der DDR ergaben zudem, dass ein Großteil der Kartoffeln im Leningrader Hafen verfault war, weil sich die dortige Führung als unfähig erwiesen hatte, die Lebensmittel sachgerecht zu lagern und zu verteilen.

12 Siehe Anm. 12 am 9. August 1992.

13 Konstantin U. Tschernenko (1911-1985) folgte im Februar 1984, obgleich schwer krank, dem verstorbenen Andropow im Amt des Generalsekretärs des ZK der KPdSU und des Vorsitzenden des Präsidiums des Obersten Sowjets.

14 Platz ist der psychiatrische Gutachter. Von ihm ist Honeckers Aussage überliefert: »Ich hätte das mit Kohl nicht gemacht.«

15 Damit ist Bundeskanzler Helmut Kohl gemeint.

16 Chiles Präsident Patricio Aylwin, ein Christdemokrat, der von 1990 bis 1994 den Übergang von der Pinochet-Diktatur einleitete. Honecker nimmt hier Bezug auf die Dreierverhandlungen zwischen Russland, Chile und Deutschland, als es im Mai 1992 darum ging, »ein internationales Ärztekollegium zu bilden«, und zwar »unter chilenischer Verantwortung«. Auf diese Weise sollte, frei von Manipulationen und politischem Druck, Honeckers legale Ausreise in ein Land seiner Wahl ermöglicht werden. »In der Folgezeit hörten wir nichts mehr von den dreiseitigen Verhandlungen. Wir erlebten nur ihr Resultat. Offenbar hatte Deutschland nicht nur Russland und seine Vertreter in der Hand«, schrieb Rechtsanwalt Friedrich Wolff. »Am 15. Mai 1992 gab die Berliner Senatsverwaltung für Justiz in einer Pressemitteilung bekannt: ›Die Senatorin für Justiz, Prof. Dr. Jutta Limbach, bestätigt auf mehrfache Anfragen, dass die Staatsanwaltschaft bei dem Kammergericht – Arbeitsgruppe Regierungskriminalität – Anklage gegen Honecker, Mielke, Stoph, Keßler, Streletz und Albrecht wegen der Gewalttaten an der innerdeutschen Grenze/Berliner Mauer erhoben hat.‹ Am 21. Mai teilte

Margot Honecker telefonisch mit, dass sich die Situation verschlechtere. Diesen Eindruck haben ihr Mann und sie nach einer vierstündigen Unterredung mit dem chilenischen Botschafter gewonnen. Dieser hätte erklärt, es gäbe offenbar eine feste Vereinbarung zwischen Kohl und Jelzin, Erich Honecker, wenn man seiner habhaft werden könne, sofort nach Deutschland zu überstellen.«

17 Adolf Eichmann (1906-1962), als SS-Obersturmbannführer Leiter des für die Organisation der Vertreibung und Deportation der Juden zuständigen Referats des Reichssicherheitshauptamtes (RSHA) zentral mitverantwortlich für die Ermordung von schätzungsweise sechs Millionen Menschen im besetzten Europa. Im Mai 1960 wurde er von israelischen Agenten in Argentinien entführt und anschließend nach Israel gebracht, wo er zum Tode verurteilt wurde. Wie erst jetzt bekannt wurde, hatte der Bundesnachrichtendienst durchaus Kenntnis über den Aufenthaltsort Eichmanns, er und demzufolge die BRD-Justiz blieben untätig. »Es fehlte jedoch, anders ist es nicht zu erklären, am politischen Willen«, schrieb am 14. Januar 2011 die *Süddeutsche Zeitung*.

16. August

In dieser Nacht habe ich gut geschlafen. Ich sehe die Welt etwas besser. An den letzten drei Tagen war mir so, als müsste ich von Euch Abschied nehmen, ohne Euch wieder zu treffen, ohne Euch adieu gesagt zu haben. Aber adieu, liebe Margot, habe ich Dir ja schon in Moskau in der Botschaft gesagt.

Das Herz rast nicht mehr so, Blutdruck 90/140 – Puls, kaum zu glauben, 70. Man wird sehen, was der Tag bringt. Gestern Abend kam noch ein Arzt. Die Ursache meiner inneren Unruhe war für ihn nicht zu erkennen. Es gibt da viele Möglichkeiten. Der Wetterumsturz, Kaffee, die Mitteilung über meine Leber? Ich weiß es nicht, er konnte es auch nicht sagen. Das Wasser in den Beinen ist zurückgegangen. Die Beine sind wieder normal, ich werde die Pillen mal nicht nehmen.

Die JVA Berlin-Moabit

Im Rundfunk gibt es viele Meldungen. Alle stützen sich auf den *Spiegel.*[1] Der Sprecher der Berliner Justiz zeigt sich angeblich nicht informiert über meinen Gesundheitszustand. Vorhin brachten sie in den Nachrichten eine Meldung aus Santiago, dass die Sozialisten dort nach einem Weg suchten, wie ich hier chilenischer Staatsangehöriger werden könnte. Bin gespannt, wie das weitergehen wird.

Es ist Abend, ein sonderbares Gefühl. Der Kreislauf hat sich offensichtlich stabilisiert. 70/120, 80/130, 70/120. Puls 84. Der heutige Tag war also eine reine Erholung. Gestern habe ich nachts nur gelesen.

Für heute muss ich Schluss machen. Ich sehe es an der Schrift.

Anmerkung

1 Rechtsanwalt Becker hatte am 13. August in einem Gespräch mit dem Berliner *Spiegel*-Korrespondenten Nobert F. Pötzl das Faktum öffentlich gemacht, dass das Gutachten der Moskauer Diplomatenklinik manipuliert worden sei. Die *Süddeutsche Zeitung* berichtete daraufhin »Gutachter: Honecker tatsächlich schwer krank«, die *Frankfurter Allgemeine Zeitung*: »Honecker offenbar todkrank«.

17. August

Heute früh geht es mit dem Schreiben etwas besser. Das hängt wohl doch mit den Nerven zusammen. Der Blutdruck macht, was er will. Gestern Abend ganz gut. Heute früh wieder anders, aber nicht schlecht: 90/160, Puls 70.

Wenn man nachdenkt, was sich jetzt vollzieht … Was sich die bundesdeutsche Justiz alles herausnimmt. Sagenhaft. Versteht sich aber rechtsstaatlich. Die DDR gehörte nie zum Geltungsbereich des Grundgesetzes der BRD. Was nun? Sie haben die DDR nicht nur mit ihrer Besserwisserei überfallen, sondern auch mit ihrer Justiz. Und urteilen über Sachen, die vor dem Anschluss passiert sind, von denen sie nichts verstehen.

Ich habe an der Saar für den Sturz der Hitlerregierung gekämpft. Niemand kann das leugnen. Es steht sogar in bürgerlichen Blättern der damaligen Zeit. Deswegen hat der II. Senat des Volksgerichtshofes mich zu zehn Jahren Zuchthaus verurteilt. Wir waren wirkliche Feinde der Nazis. Aber, und das hatte man bereits in der Vernehmung gesagt: Für Taten gegen die Nazis vor dem Anschluss der Saar ans Reich gab es keine gesetzliche Grundlage, die sie hätten geltend machen können. Es ging um meine Handlungen gegen das Hitlerreich nach dem Beitritt.

Aber die BRD, diesen Rechtsstaat, interessiert das in Bezug auf die DDR nicht. Da kennt man kein Rückwirkungsverbot, worauf sie sich sonst berufen. Ihre Staatsdiener sollen nicht fürchten müssen, später für ihr Tun bestraft zu werden. Für sie gilt heute das Gebot der Rache. Die Grenze zwischen der DDR und der BRD war keine innerdeutsche, sondern eine Staatsgrenze von der gleichen Qualität wie etwa die zwischen der BRD und Luxemburg. Das hat der Bundestag bei der Ratifizierung des Moskauer Vertrages von 1970 bestätigt.

Warum jetzt die Umstülpung allen Rechts? Zuerst wurde es bei den Grenzsoldaten demonstriert, musste man auch, man wollte ja den Prozess gegen uns vorbereiten. Dann die Verhaftungen ganz oben.

Soeben kam im Rundfunk eine Meldung meines Töchterchens Erika[1]. Ein tapferes Mädchen. Für sie sei es selbstverständlich, dass ihr Vater im Falle einer Haftverschonung bei ihr wohnen könne, hat sie erklärt. Ja, so ist es mit den Honeckers, sie stehen füreinander ein, sie halten zusammen.

Es ist bereits Abend. Ich will versuchen, noch einige Zeilen zu schreiben.

Heute kam zuerst Rechtsanwalt Becker, zum Schluss noch Rechtsanwalt Ziegler. Herr Becker informierte mich kurz. Auch über die Telefongespräche mit Dir, Margot. Bitte beunruhige Dich nicht, was bestimmt schwerfällt. Ich denke, dass darauf auch meine Kreislaufbeschwerden zurückzuführen sind. Bitten möchte ich Dich in jedem Falle, nicht hierher in die Hölle zu kommen. Nein, mein Liebes, dazu bist Du mir als Frau und Genossin zu teuer.

Heute habe ich Becker die Seiten in der *Bild* gezeigt, die uns beiden und unserer Erika gewidmet sind. Man kann daraus entnehmen, dass sie auch Erika die Tür einrennen und das Büro, das sie mit einer anderen Rechtsanwältin im Zentrum hat. Nun, Erika hat ihnen die entsprechende Antwort erteilt und Anzeige erstattet.

Hier ist allerhand los. Da ich informiert bin, dass Du den Text der Stellungnahme der Rechtsanwälte hast, kannst Du Dir das erklären. Es ist gut, dass die Anwälte das Material von der Botnik-Klinik und den 19 Ärzten haben. Die Professoren haben als Diener ihres Herren, was man ja nicht tun soll, gelogen. Schande über sie. Auf meine Kosten, auf Kosten unserer Sache haben sie die Wahrheit gebeugt. Es ist gut, dass das jetzt geklärt ist.

Heute hat Althaus[2] eine Erklärung dazu abgegeben.

Nun, Margot, es ist wirklich schwer, das zu schreiben, es ist aber so, diesen Fragen, die sich daraus ergeben, kann man nun nicht ausweichen.

Da ich heute zum Zahnarzt musste, kommen morgen die Rechtsanwälte wieder.

Ach so, ich hätte es bald vergessen. Pjotr Abrassimow[3] hat ein Interview gegeben. Ich war schon misstrauisch, weil es in der *Iswestija* erschien. Er hat geschickt und ausweichend geantwortet – obwohl er weiß, dass der Preis für die DDR in Moskau und Bonn immer diskutiert wurde – von Stalin und Chruschtschow, aber auch von Breshnew, Andropow und Tschernenko. Sie haben aber zur DDR gestanden, weil sie wussten, was der Sozialismus und die Sowjetunion an der DDR hatten. Nur Berija und Gorbatschow waren bereit, die DDR zu verkaufen. Fred Oelßner[4] hat 1953 davon berichtet, und Gorbatschows Perestroika und die Folgen hat jetzt die ganze Welt erlebt. Ich bin gespannt, ob er die Frechheit besitzt, die »Ehrenbürgerwürde der Bundeshauptstadt« entgegenzunehmen.

Ich muss jetzt Schluss machen, weil man es sonst nicht lesen kann.

Anmerkungen

1 Gemeint ist die 1950 geborene Tochter Erika, die aus der Ehe mit Edith Baumann hervorging.

2 Prof. Dr. Peter Althaus, einer der führenden Urologen der DDR, der auch Honecker behandelte. Als verantwortlicher Arzt bei der Krebsoperation von Erich Honecker wurde er im Jahre 1990 über Fachkreise hinaus der Öffentlichkeit bekannt. »Neben seiner Tätigkeit an der Charité arbeitete Althaus als Berater für das Regierungskrankenhaus der DDR. Im August 1989 diagnostizierte er dort bei Erich Honecker einen Tumor an der rechten Niere. Der Befund wurde Honecker nicht mitgeteilt, erst im Januar 1990 erfuhr er davon aus den Medien im Zusammenhang mit der Prüfung seiner Haftfähigkeit. Am 10. Januar entfernte Althaus bei Honecker einen Tumor aus der rechten Niere. Nachdem Erich Honecker am 28. Januar im Krankenhaus verhaftet worden war, setzte sich Althaus letztlich erfolgreich für eine Haftverschonung ein. Am 30. Januar brachte Althaus Erich Honecker, der inzwischen seine Wohnung in der Waldsiedlung Wandlitz verloren hatte, zu Pastor Uwe Holmer nach Lobetal, wo Honecker mehrere Monate lang untergebracht wurde. Am 22. Juli 1991 wurde Althaus fristlos entlassen. Nach Auffassung des seinerzeitigen Berliner Senators für Wissenschaft und Forschung, Manfred Erhardt, reichten die der Gauck-Behörde vorliegenden Unterlagen aus dem ehemaligen

Ministerium für Staatssicherheit aus, Althaus eine Tätigkeit als Inoffizieller Mitarbeiter der Stasi unter dem Decknamen ›Junghans‹ nachzuweisen. Der damalige Dekan der Charité, Harald Mau, erklärte, die Stasi hätte ›die gesamte Nierentransplantation gesteuert‹. Im Juni 1992 erklärte jedoch das Berliner Arbeitsgericht die gegen Althaus ausgesprochene Kündigung für unwirksam, da die Unterschrift unter der Verpflichtungserklärung für die Stasi nicht von Althaus stammte. Auch in zweiter Instanz gewann Althaus im Januar 1993 den Prozess.« (*http://de.wikipedia.org/wiki/Peter_Althaus*)

3 Pjotr A. Abrassimow (1912-2009), von 1962 bis 1971 und von 1965 bis 1983 Botschafter der Sowjetunion in der DDR. Aufgrund seines zunehmend selbstherrlichen Auftretens (»Regierender Botschafter«) veranlasste Erich Honecker in Moskau seine Ablösung als Botschafter. Die DDR errichtete ihm in der Sowjetunion danach ein Haus. Wie DDR-Botschafter Winkelmann berichtete, beschwerte er sich wegen jeder Reparatur in der Botschaft und verlangte deren Ausführung durch DDR-Personal. 1983-1985 war Abrassimow Vorsitzender des Staatskomitees für Auslandstourismus und bis 1986 Botschafter in Japan.

4 Fred Oelßner (1903-1977) gehörte von 1950 bis 1958 dem Politbüro des ZK der SED an und war von 1955 bis 1958 Vizepremier. Der renommierte Wirtschaftswissenschaftler wurde wegen Differenzen aus der Parteiführung entfernt.

18. August

Zum ersten Mal bin ich im Nachtrab, das heißt, ich muss das Wichtigste zusammenfassen, was sich so am Tag ereignete.

Dein Brüderchen, Margot, mit Schwägerin[1] war eine Stunde hier mit vielen Neuigkeiten. Das Wichtigste, wenn man das in der Situation sagen kann, waren Deine Telefongespräche mit ihm, Deine lieben Grüße, die Grüße von Sonja und Familie haben mich erfreut und beruhigt.

Ich bin froh, dass es Dir leidlich gut geht. Ich meine gesundheitlich, das ist für mich die entscheidende Frage. An den anderen Fragen kann man wenig ändern, man muss sehen, wie man damit fertig wird. Dabei kann ich noch nicht einmal sagen: Mach Dir keine Sorgen.

Die *FAZ* bringt heute ziemlich Objektives, die ganze Geschichte seit dem 13. März 1991, als wir nach Moskau flogen. Die Post kommt aus aller Welt. Die koreanische Botschaft hat die Einladung erneuert. Briefe kamen aus Frankreich, England, Schweden und den USA. Von denen aus Deutschland will ich gar nicht reden. Heute bekam ich neben der *UZ* auch das *ND*. Du kannst Dir vorstellen, dass ich gut informiert bin. Ich werde selbstverständlich, solange ich kann, meine Aufgabe erfüllen.

In Zeitungen verschiedener kommunistischer Parteien bekundet man Solidarität. International ist viel los. Aber auch die bourgeoisen Zeitungen haben den Kurs geändert. Heute gab es eine gute Erklärung von der SPD (Däubler-Gmelin[2]). Auch in Italien und Frankreich verständigen sich die Herren über die Rolle der BRD und des Kanzlers der Einheit. Leider kann ich Dir jetzt nicht alles zusammenfassen, die Schrift wird sonst unleserlich.

Das ZK der KPD hat gestern meine Mitgliedschaft bestätigt. Ich habe meinen Dank und Grüße übermittelt.

Dr. Friedrich Wolff war heute ebenfalls hier. Ist doch eine große Arbeit, die er leistet. Insgesamt muss man sagen, dass die Vorbereitungen zum Prozess recht gut laufen. Von allen Seiten werden die Anwälte unterstützt. Die Justiz kann sich blamieren, wenn sie einen Prozess mit mir beginnt, ohne sicher zu sein, dass er auch mit mir beendet wird.

In der *Frankfurter Allgemeinen Zeitung* schreiben sie heute, dass die geistige Einheit zwischen West und Ost sich nicht so leicht herstellen lasse. Es geht ja nicht nur um die geistige Einheit. Es geht um das einfache Leben, um den Verlust der Geborgenheit. Der Weg vom Sozialismus zurück zum Kapitalismus ist nicht so einfach, wie sie sich das denken. Allein die Diskussion im Parlament um den Paragrafen 218 zeigt den geistigen Riss, der nicht nur durchs Land, sondern selbst durch die Regierung geht.[3]

Am 3. Oktober 1990 hat man eben nicht zusammengefügt, was »vier Jahrzehnte nicht miteinander hatte leben können«. Nein, man hat sich den Profit durch die Ausschaltung der Industrie und der Landwirtschaft der DDR gesichert, die Konzerne übernahmen nur den Markt der DDR. Aber der Widerstand wird hier größer werden, das passt nicht zusammen. Hätte der »große Reformer« noch ein Jahr mit dem Verkauf der DDR gewartet, dann hätte vielleicht mit einer anderen Regierung in der BRD die Regierung der DDR die Zukunft des Volkes der DDR und der BRD verbinden können.

Anmerkungen

1 Manfred und Edith Feist
2 Herta Däubler-Gmelin, Rechtsanwältin, MdB von 1972 bis 2009 und von 1988 bis 1997 stellvertretende Bundesvorsitzende der SPD
3 Honecker nimmt Bezug auf den Streit um die Reform des Abtreibungsparagrafen. Anfang des Monats hatte ein Staatssekretär im Justizministerium erklärt, dass die Reform nicht mit dem Grundgesetz zu vereinbaren sei – nachdem seine Dienstherrin das Gesetz unterzeichnet hatte. Die Fristenregelung hatten FDP und Opposition gemeinsam mit etlichen CDU-Abgeordneten Ende Juni durchgesetzt. Kanzler Helmut Kohl stimmte gegen das Fristenmodell und unterschrieb gleichwohl das Gesetz.

19. August

Die Nacht war schwierig. Ich bin erst gegen 0.30 Uhr eingeschlafen, mehrmals aufgewacht, und ab 4 Uhr ging es nicht mehr. Blutdruck und Puls, gegen 7.30 Uhr gemessen, waren gut. Ein Wunder. Manchmal fühlt man sich wohl, aber dann wird 100/180 festgestellt und 130 Puls. Ich denke da immer an unseren Ausflug im Kaukasus in Kislowodsk. Das war damals ganz schön hoch, und der Puls jagte. Nur ist es jetzt etwas anderes. Ich bin gespannt, was der heutige Tag bringt: ein oder zwei Anwälte und ein Arzt, das ist schon sicher.

Die Unruhe in der Welt legt sich nicht. Schewardnadse schickt Panzer nach Abchasien[1]. Die Hauptstadt Suchumi wurde besetzt. Fällt einfach über Nacht ein. Besetzt das Parlament und setzt den Präsidenten ab. Seine Milizionäre sollen die sich als unabhängig erklärte Republik verwalten. Ein schöner »Demokrat«. In Moskau hat er vor einer Militärdiktatur gewarnt und durch seinen Rücktritt Unruhe erzeugt. Jetzt sitzt er in Tiflis auf Bajonettspitzen und begeht eine Aggression. So ist es. Nun schließlich war er ja früher KGB-Chef in diesem Gebiet. Gelernt ist eben gelernt. Die Frage ist, wohin dies alles führen soll. Die Konterrevolution, sie war immer schlimmer, grausamer als die Revolution.

Deutschland nimmt ja in dieser Beziehung einen besonderen Platz ein. 1918/19 Revolution und Konterrevolution. Es ging bis 1923. Große Opfer für das Proletariat, die Arbeiter und Soldaten, die roten Matrosen. Die Rote Ruhrarmee, die Münchener Räterepublik; ich denke hier an Erich Wollenbergs Buch »Als Rotarmist in München«[2]. Und die Naziherrschaft 1933-1945. Sie war die totale Konterrevolution und zerschlug die demokratischen Errungenschaften von 1918. Dann der Zweite Weltkrieg mit all den Schandtaten im Namen des deutschen Volkes, die Tötung von sechs Millionen Juden. Kriegsende. Aufatmen, Aufbau. Und jetzt erneut tiefe Krise und überall Krieg.

Heute Schlagzeile – Massenentlassungen statt Aufschwung. Die Lufthansa entlässt 3.400, Siemens-Nixdorf 6.000, Mercedes 20.000, VW 12.000. Bin gespannt, was unsere Ökonomen, die auf einmal den Kapitalismus als effektiv bezeichnen, dazu sagen werden. Gestern habe ich einen Vortrag von Siegfried Hildebrandt gelesen, Betriebswirt der Sparkasse. Klare Aussage zur gegenwärtigen politischen, ökonomischen und sozialen Situation.

In der Alt-BRD saß bei Tarifverhandlungen, bei jeder einzelnen sozialen Maßnahme, bei jeder Attacke auf soziale Errungenschaften die DDR mit am Tisch – jetzt braucht man keine Rücksicht mehr zu nehmen. Die Gewerkschaften zögern.

Von den in der DDR existierenden Arbeitsplätzen gab es Ende März 1992 noch 37 Prozent, das heißt 3,5 Millionen Stellen. Auf dem Gebiet der DDR arbeiten somit 6,1 Millionen arbeitsfähige Bürger nicht mehr. Das entspricht einer Rate von 63,5 Prozent der arbeitsfähigen Bevölkerung. Es gäbe also, so sagt Siegfried Hildebrandt, in der Ex-DDR heute ebenso viele Nichtbeschäftigte wie 1932 in ganz Deutschland.

Was mussten die Bürger der DDR alles für den Anschluss an die BRD opfern!

Und wer hat hier das Recht auf Anklage?

Es ist in der Geschichte der deutschen Justiz wohl einmalig, dass sie einen Krebskranken, der nicht weiß, wann sein Tod da ist, vor ihre Schranken zerrt.

Es kommen Briefe. Heute wieder viele aus dem Ausland, besonders viele aus England und Frankreich. Ein Gruß – sehr nett – von der griechischen Insel Lesbos.

Anmerkungen

1 Eduard Schewardnadse, Ex-Außenminister der UdSSR, am 7. März 1992 von Putschisten an die Spitze des georgischen Staatsrates gestellt, schickte am 14. August 1992 seine Truppen in die Provinz Abchasien, die sich am 23. Juni für unabhängig erklärt hatte. »Der Schießbefehl des georgischen Staatschefs Eduard Schewardnadse, 64, bisher weltweit als Friedensstifter gerühmt, traf vorige Woche den blühendsten Landesteil Georgiens, der – halb so groß wie Schleswig-Holstein – schon 1990 seine Souveränität proklamiert hatte«, schrieb der *Spiegel* am 24. August 1992. »Schewardnadse, einst 13 Jahre lang Georgiens KP-Chef (damals ließ er den Dissidenten Gamsachurdia verhaften), versprach sanftmütig, er wolle die Einheit seiner Heimat keinesfalls mit Schwert und Feuer wahren. Doch zu den Osseten, die sich von Georgien trennen und mit ihren Landsleuten in Russland zu einem Staat vereinigen wollten, schickte er 500 russische Fallschirmjäger.«

2 Erich Wollenberg (1892-1973) gehörte nicht zur Ahnengalerie der DDR. Der Arztsohn, Kriegsteilnehmer und Medizinstudent war einer der militärischen Führer der Bayerischen Räterepublik, wofür er zu zwei Jahren Festungshaft verurteilt wurde. Über diese Zeit berichtete er 1929 in dem erwähnten Buch. 1922 wurde er Chefredakteur der *Roten Fahne*. 1924 ging er in die Sowjetunion, war Bataillonskommandeur der Roten Armee in Saratow. 1927 war er wieder illegal in Deutschland und leitete die *Arbeiterzeitung* in Saarbrücken. Ab 1928 war er Professor für die Geschichte der internationalen Arbeiterbewegung an der Internationalen Lenin-Schule in Moskau. Zu seinen Schülern dort gehörte Erich Honecker. 1934 floh er aus der Sowjetunion, nachdem er unter dem Vorwurf einer »konterrevolutionären, trotzkistisch-terroristischen Verschwörung« (»Wollenberg-Hoelz-Verschwörung«) am 4. April 1933 von der Internationalen Kontroll-Kommission der Komintern aus der KPD ausgeschlossen worden war. Nach der Befreiung ging Wollenberg 1946 zunächst nach Paris, dann mit amerikanischer Unterstützung nach Deutschland. Hauptberuflich war er seit den 50er Jahren Journalist, vermutlich aber ein Mitarbeiter von US-Nachrichtendiensten. Ab 1960 war er in München Leiter der außenpolitischen Redaktion der Zeitschrift *Echo der Woche*, ehe er nach heftigen Konflikten die Redaktion verließ. Er arbeitete mit anderen Ex-Kommunisten wie Franz Borkenau, Ruth Fischer, Margarete Buber-Neumann und Emigranten aus Osteuropa zusammen. Als »Ostexperte« war er für die Amerikaner, für die Ostbüros von SPD, DGB und FDP aktiv. Seit 1964 lebte er in Hamburg.

20. August

Heute nach dem Frühstück, bevor ich mit dem Schreiben anfing, kam Dr. Friedrich Wolff. Es wurden eben alle Fragen besprochen, die im Zusammenhang mit der jetzigen Lage entstanden sind.

Gefreut habe ich mich über die vielen, vielen herzlichen Grüße von früheren Abteilungsleitern des Zentralkomitees mit ihren Frauen und von ehemaligen 1. Sekretären der Bezirke. Es tut doch gut. Unsere Reihen richten sich wieder auf. Waren aufrecht, man hat dies nur nicht gesehen.

Ich kann Dir, liebe Margot, gar nicht sagen, wie stolz ich bin auf die Mitgliedschaft in der Partei, aus der ich gekommen bin. Da fühle ich mich wieder zu Hause und bin bereit, mit allen zu kämpfen für unsere gute Sache, entsprechend den Prinzipien einer revolutionären marxistischen Partei.

21. August

Die Nacht war unruhig, bin durch Krämpfe in den Beinen und den Füßen mehrmals aufgewacht. Beim Aufstehen hatte ich Schwierigkeiten, sowohl beim Hineinschlüpfen in die Pantoffel und beim Gehen. Jetzt, es ist 8.25 Uhr, scheint es überwunden. Ist alles wohl ein Zeichen dafür, dass der Geist willig, aber das Fleisch, in diesem Falle die Muskeln, schwach ist.

Was die Regierenden und ihre Helfer betrifft, so muss man sagen, dass bei ihnen auch der Geist schwach ist. Die benehmen sich, als hätten sie einen Krieg gegen die DDR gewonnen. Diese Siegermentalität wird in steigendem Maße durch die Schürung von Emotionen und Rachegelüsten gespeist.

Soweit es sich um sogenannte einfache Leute handelt, die »den Kopf von Erich« fordern, die »die Hexe Margot« wegen »Zwangsadoptionen« und »Kinderfolter« belangen wollen, sollte man ihnen die Frage stellen, wo sie in den letzten 47 Jahren gelebt haben? Die Drahtzieher sind für mich klar. Sie sitzen in Bonn.

Der Aufschwung ist trotz aller Reden bis jetzt ausgeblieben, und es gibt auch keinen Anhaltspunkt, dass sich daran in den nächsten Jahren etwas ändern wird. Im Gegenteil. In ganz Deutschland wird jetzt die Trommel gerührt, um die Gewerkschaften unter Druck zu setzen. Man will auf breiter Front die Kosten der Krise, von einer solchen muss man bei fünf Millionen Arbeitslosen sprechen, auf die Schultern der Werktätigen abwälzen. Das heißt: zurück zur 40-Stunden-Woche, Verschlechterung bestehender Tarifverträge, ja Beseitigung derselben. Ich bin gespannt, ob die Gewerkschaften dies mitmachen. Die Tendenz geht zum Weichklopfen. Gestern wurde der Hauptangriff von Otto Graf Lambsdorff geführt. Er will eine Entlastung der Wirtschaft durch das

»Engerschnallen des Gürtels« erreichen. Das ist ein Großangriff auf die »kleinen Leute«.

Der Versuch, der DDR die Ursache für die Verschlechterung der Lage nach der Vereinigung zuzuschieben, macht den Blick frei für die Rolle, die das größere Deutschland in der Weltpolitik spielen will. Bloß ist dazu die Kraft noch nicht da und die internationale Konkurrenz zu stark. In Europa wehren sich England und Frankreich, unter den deutschen Stiefel zu kommen.

Im Übrigen kann man sagen, dass das ganze Geschrei über die »Kosten der Einheit« pure Heuchelei ist. Erstens können die Kapitalisten, besonders die deutschen, gut rechnen. Die »Einheit« brachte für die Industrie und den Handel eine zeitweise Konjunktur, bedingt durch die Art und Weise, wie diese erfolgte. Zweitens lag der Weg in die Krise ja vor der »Einheit« schon offen, das Abflauen der Konjunktur in den wichtigsten Ländern der Erde war vorhersehbar. Die Russische Föderation wird die Wirtschaft Westeuropas, wenn es dort so weitergeht, in den Abgrund ziehen oder den Fall in den Abgrund beschleunigen.

Das alles wäre auch ohne Vereinigung gekommen. Jetzt aber in größerem Rahmen. Wie wäre die Welt ohne Perestroika geworden? Jetzt ist es klar: Die Perestroika war in vielfacher Hinsicht ein Unglück für die Menschheit. Die Welt ist von den Ankern gerissen, mit denen das Schiff nach der Oktoberrevolution und dem Zweiten Weltkrieg »neuen Ufern« zustreben konnte. Ich denke an jene Menschen aus dem intellektuellen Bereich, die selbst in den Kinderjahren der sozialistischen Zeitrechnung ihre Perspektive auf einem Sechstel der Erde sahen, es war die Alternative zur Entmündigung der Menschheit durch den Kapitalismus.

Nikita S. Chruschtschows Rede auf dem XX. Parteitag der KPdSU hat zu schweren Erschütterungen in der kommunistischen Weltbewegung geführt.[2] Die Frage nach den Ursachen für ein solch rücksichtsloses Auftreten 1956 ist bis heute nicht beantwortet worden. Konnte die Kommunistische Partei der Sowjetunion nicht mit anderen Mitteln auf den Weg zum Gulaschkommunismus gedrängt werden, dahin, wo angeblich die Wurst am Stängel[3] wächst? Das war ein Ziel, das N. S. Chruschtschow vorschwebte.[4] Wollte er bisherige Kampfgefährten loswerden, um freie Hand für einen Kurswechsel zu bekommen, den er für notwendig hielt? Die Sache bleibt unklar. Sein Schwiegersohn[5] redete auch Unsinn, als er 1964 in der BRD war. Ulbricht hätte Krebs und würde es keine zwei Jahre mehr machen.[6]

Wie auch immer: Die Generationen, die bis dahin ungetrübt und vorbehaltlos an die gewaltige, vom Humanismus geprägte Kraft der Sowjetunion glaubten, wurde zutiefst durch Chruschtschow getroffen. Sie hatten auf einmal Fragen über Fragen.

Später erfolgte der zweite Schlag, der Schlag gegen die Einheit der KPdSU. Es ging um die Industrieproduktion und die Agrarproduktion. Eine SED-Delegation unter meiner Leitung studierte damals die Arbeit der KPdSU. Ein heilloses Wirrwarr. Die Teilung der Parteihäuser war nur ein Symbol für die Spaltung der Partei in Industriekommunisten und Agrarkommunisten. Der Witz: Es ging so weit, dass man fragte, wem wird der Friedhof gehören? Diese und andere Fragen fielen auf.

Leonid J. Breshnew und Nikolai W. Podgorny[7] weilten sechs Stunden bei uns im Gästehaus in den Leninbergen. Eine Teilung der SED entsprechend dem Vorbild der KPdSU hielten wir für falsch. Wir fanden Zustimmung, Verständnis, und wir erfuhren, wie Breshnew und Podgorny in dieser Frage dachten.

Solche wie auch andere Entscheidungen waren Gründe für die Ablösung N. S. Chruschtschows, der bei uns in der DDR großes Ansehen genoss wegen der unter seinem Namen eingeleiteten Friedenspolitik.[8] Über die damalige Reise in die Sowjetunion wäre noch vieles zu sagen. Jedenfalls hat hier das Politbüro richtig entschieden, dass es dem Druck Moskaus nicht nachgab – auch nicht dem Druck in den eigenen Reihen.

Bruderkuss. Darstellung auf der East-Side-Gallery in Berlin

Heute las ich im *Neuen Deutschland* eine interessante Besprechung eines Buches über die zwei Leben des Ibrahim Böhme[9]. Der Judas galt bis zum 18. März 1990 als aussichtsreicher Kandidat, er sollte nach Hans Modrow das Land regieren. Stattdessen erklomm in diesen Wahlen sein Kollege von der CDU, Lothar de Maizière, das Podest des Ministerpräsidenten, unterstützt von Wolfgang Schnur vom »Demokratischen Aufbruch«. Böhme, de Maizière, Schnur an der Spitze der »gewendeten« oder neu gebildeten Parteien verschwanden trotz ihres Sieges schon bald in der Versenkung – wegen ihrer inoffiziellen Mitarbeit in einem Geheimdienst. Der Rezensent zitierte am Ende die Autorin Birgit Lahann, sie wäre zum Schluss gekommen, dass die »Revolutionen«, ob in der Tschechoslowakei, in Rumänien oder in der DDR, »von oben« gelenkt gewesen seien, deren ursprüngliche Intentionen letztlich fehlgeschlagen sind. Fürwahr eine richtige Einschätzung, der nichts hinzuzufügen ist. Allenfalls die Ergänzung, wer »oben« war.

Die Wegbereiter für die Annexion der DDR auf unserer Seite, die »ehrlichen« Leute, die mehr Demokratie wollten, die die Perestroika in der DDR wünschten, waren nur die Handlanger. Wie eben auch Kohl, Schäuble und die anderen Bonner Politiker nur die Vollstrecker waren.

Heute Besuch. Rechtsanwalt Ziegler war hier. Ich muss sagen, er hat seine Sache gut gemacht. Er hatte bis jetzt wenig mit der Presse zu tun. Das entsprach seiner Praxis als Rechtsanwalt. Aber jetzt kommen so viele Fragen, und auf einige muss man antworten. Er tut es mit großem Fingerspitzengefühl und auch Talent. Ich habe ihn beglückwünscht.

Im Übrigen merkt man, dass die Medien das Bild der DDR mit einigem Erfolg entstellen. Das ist natürlich Absicht. Selbst Menschen, die sonst in Ordnung sind, fallen darauf herein. Es wäre hier so viel zu sagen.

Heute Nachmittag kam wieder viel Post. Ich bin überwältigt von den Briefen und Karten aus dem In- und Ausland. Morgen werde ich einige Bemerkungen dazu machen.

Anmerkungen

1 Otto Graf Lambsdorff (1926-2009), von 1977 bis 1982 sowie von 1982 bis 1984 Bundeswirtschaftsminister und von 1988 bis 1993 Bundesvorsitzender der FDP. 1987 wurde er im Zusammenhang mit der Flick-Affäre wegen Steuerhinterziehung rechtskräftig verurteilt.
2 Siehe 13. August, Anm. 4
3 Auf Chruschtschows Initiative wurde die Landwirtschaft in der DDR veranlasst, verstärkt Mais anzubauen. Dazu wurde die Losung ausgegeben: Der Mais, der Mais, wie jeder weiß, das ist die Wurst am Stängel, worauf Honecker abzielt. Offenkundig war die Favorisierung des Maisanbaus die Folge seines Besuches der USA im September 1959.
4 In westlichen Darstellungen wird Chruschtschow als »früher Vorläufer« Gorbatschows behandelt, weil er in vielen gesellschaftlichen Bereichen Reformen anschob. Allerdings handelte er dabei oft spontan und unüberlegt, stellten sich nicht rasch Erfolge ein, wurde umgeschaltet. Und Chruschtschow machte oft großspurige Prognosen, die sich selten bis nie erfüllten.
5 Alexej I. Adschubej (1924-1993), Journalist, verheiratet mit Chruschtschows Tochter Rada, von 1957 bis 1959 Chefredakteur der *Komsolskaja Prawda*, danach Chefredakteur der Regierungszeitung *Istwestija*, bekam 1960 den Leninpreis für die Beschreibung der Reise seines Schwiegerva-

ters durch die USA im Vorjahr. 1990 erschienen in Deutschland seine Memoiren »Gestürzte Hoffnung. Nikita Chruschtschow – Meine Erinnerungen an Chruschtschow«, die die Reformerlegende stärkten.

6 *Iswestija*-Chefredakteur Adschubej, im Sommer 1964 in der Bundesrepublik unterwegs, behauptete dort wichtigtuerisch (was aus verständlichen Gründen von ihm später jedoch bestritten wurde), dass Ulbricht nicht mehr lange amtieren und leben werde, weil er an Krebs leide.

7 Nikolay W. Podgorny (1903-1983), von 1957 bis 1963 in der Ukraine 1. Sekretär des ZK, 1963/64 ZK-Sekretär in Moskau. Von 1965 bis 1977 als Vorsitzender des Präsidiums des Obersten Sowjet de facto Staatsoberhaupt der Sowjetunion. Er zählte auch schon vor dessen Sturz 1964 zu den Kritikern Chruschtschows.

8 Chruschtschow wurde am 14. Oktober 1964 zum Rücktritt gezwungen, an seine Stelle trat die Troika Breshnew, Podgorny und Kossygin. Zu Chruschtschows Fehlern gehörten u. a. seine oft willkürliche Personalpolitik und eigenmächtige Entscheidungen (so hatte er im Oktober 1961 über Nacht Stalins Leichnam aus dem Mausoleum am Roten Platz entfernen und ihn an der Kreml-Mauer bestatten lassen), die Änderungen des Parteistatuts, der Personenkult um ihn und die Verschlechterung der Beziehungen zu Peking etc. Unter der Überschrift »Über den Pseudokommunismus Chruschtschows und die historischen Lehren für die Welt« hieß es in chinesischen Blättern am 14. Juli 1964: »Das von der revisionistischen Chruschtschow-Clique auf dem XXII. Parteitag vorgelegte Programm der KPdSU ist das Programm eines Pseudokommunismus, ein revisionistisches Programm gegen die proletarische Revolution und für die Beseitigung der Diktatur des Proletariats und der proletarischen Partei. Unter der Vorspiegelung eines sogenannten ›Staates des ganzen Volkes‹ schafft die revisionistische Chruschtschow-Clique die Diktatur des Proletariats ab, unter dem Deckmantel einer sogenannten ›Partei des ganzen Volkes‹ ändert sie den proletarischen Charakter der KPdSU, und unter dem Vorwand eines sogenannten ›allseitigen Aufbaus des Kommunismus‹ bereitet sie den Weg für eine Restauration des Kapitalismus.«

9 Ibrahim Böhme (1944-1999), gelernter Maurer, Bibliothekar, SED-Mitglied (1962-1978), Funktionär des Kulturbundes, von 1978 bis 1982 Dramaturg am Theater Neustrelitz, danach Kulturhausleiter in Berlin und Teilzeitjobs, Mitbegründer der Sozialdemokratischen Partei in der DDR am 7. Oktober 1989, deren Vorsitzender er am 23. Februar 1990 wurde. In Erwartung eines Wahlsieges der SPD am 18. März 1990 trat er bereits als künftiger Ministerpräsident der DDR auf. Die Wahl ging verloren, er wurde als IM des MfS geoutet, am 2. April 1990 trat er von allen Funktionen zurück. Birgit Lahann veröffentliche 1992 »Genosse Judas. Die zwei Leben des Ibrahim Böhme«, auf das Erich Honecker hier Bezug nimmt.

22. August

Zum Frühstück eine neue Nachricht. Sie ist aus der *Bild*, muss also nicht stimmen. Schlagzeile auf der ersten Seite. »Gorbatschow: Honecker schuldig.«

Er weicht aus, was seine Rolle war. Es geht ja nicht darum, was *im* Lande passierte, dafür ist in der Tat jeder selbst verantwortlich. Es geht um die Grenze. Diese war die Grenze des Warschauer Paktes, dessen Oberkommandierender er war.[1] Es geht auch um das Bündnis Sowjetunion–DDR, um den Vertretungsanspruch der Besatzungsmacht Sowjetunion für Deutschland als Ganzes. Hier liegt die Verantwortung der KPdSU als Partei der Siegermacht im Zweiten Weltkrieg.

Gorbatschow verantwortet nicht nur den Untergang der DDR und CSSR, er hat vor allem die Sowjetunion und KPdSU ruiniert. Er war gegen eine Verständigung der DDR mit der BRD, weil er ein Geschäft machen wollte. Ohne die Zustimmung der Sowjetunion, so sagte er, und erst recht nicht gegen sie, wäre die Vereinigung nicht möglich gewesen. Stimmt.

Genug für heute.

Habe soeben das Interview von Daniel Ortega[2] gelesen. Es hat mich sehr beeindruckt. Er gibt eine klare Einschätzung der gegenwärtigen Situation, des internationalen Kräfteverhältnisses, des Verschwindens der UdSSR. Seine Wertung des Scheiterns des sozialistischen Projekts in Osteuropa, was er als Folge der Konterrevolution seit der Oktoberrevolution sieht – Interventionskriege 1919/20, Blockade und Isolation in den 20er/30er Jahren, der faschistische Überfall, danach der Kalte Krieg –, beeindruckt. Margot, wenn Du ihn mal sehen solltest, sag ihm, dass er mit seinem Interview eine große Leistung vollbracht hat. Die Botschaft berechtigt zum Optimismus, den man dem kämpfenden Proletariat aller Länder und den Völkern vermitteln muss – so wie bei dem Treffen in Sao Paulo[3]. Am liebsten würde ich das der DKP, der KPD und der Kommunistischen Plattform in der PDS in die Hand drücken.

Und sag ihm: vielen Dank für seine anerkennenden Worte zur DDR und zu mir. Das nenne ich Charakter.

Ich habe heute einige Zeitungen der kommunistischen Parteien, die heute in Deutschland bestehen, gelesen. Sie alle haben eines gemeinsam: Sie sind für *eine* KPD oder wie man die auch nennen mag. Ich bin für KPD. Aber das Programm – das ist die entscheidende Frage – sollte keine wehleidigen Bedenken enthalten. Wollen wir die bisher geltende Rolle der Sowjetunion beschädigen?

Was für die Bourgeoisie Napoleon, das ist für die Arbeiterklasse Stalin[4]. Der sozialistische Aufbau in der Sowjetunion, der Sieg im Zweiten Weltkrieg, die Nachkriegsentwicklung sind ohne ihn nicht denkbar.

Anmerkungen

1 Der Warschauer Vertrag oder Warschauer Vertragsorganisation (WVO) war das östliche militärische Bündnissystem, es existierte von 1955 bis 1991. Führungsmacht war die Sowjetunion (analog der USA in der NATO). Der jeweilige Generalsekretär des ZK der KPdSU handelte als Oberster Befehlshaber. In dieser Funktion trug sich Gorbatschow am 26. April 1986 im Gästebuch der Grenztruppen der DDR in Berlin in Sichtweite der Mauer ein: »Am Brandenburger Tor kann man sich anschaulich davon überzeugen, wie viel Kraft und Heldenmut der Schutz des ersten sozialistischen Staates auf deutschem Boden vor den Anschlägen des Klassenfeindes erfordert. Die Rechnung der Feinde des Sozialismus darf nicht aufgehen. Der Unterpfand dessen sind das unerschütterliche Bündnis der DDR und der UdSSR sowie das enge Zusammenwirken der Bruderländer im Rahmen des Warschauer Vertrages. Ewiges Andenken an die Grenzsoldaten, die ihr Leben für die sozialistische DDR gegeben haben.«

2 Daniel Ortega war von 1985 bis 1990 gewählter Präsident Nicaraguas und ist es seit 2007 wieder. Die von ihm geführten Sandinisten (FSNL), die das Land 1979 von der Somoza-Diktatur befreiten, wurden von der DDR aktiv unterstützt. Ortega besuchte in den 80er Jahren die DDR. Als er das Interview gab, das Honecker las, war Ortega in der Opposi-

tion. Insbesondere die Embargo-Politik der USA und deren Unterstützung für die Contras hatten zum Regierungswechsel 1990 geführt. Daniel Ortega besuchte Honecker in Moabit.

3 Das brasilianische Sao Paulo ist nicht nur der größte Industriestandort der Dritten Welt und mit etwa 20 Millionen Menschen nach Mexiko-Stadt und Tokio der größte Ballungsraum der Welt: Dort finden seit 1990 auf Anregung linker Parteien auch das Forum von Sao Paulo (Foro de São Paulo) statt. Am ersten nahmen 48 Parteien und Organisationen aus Lateinamerika und der Karibik teil, um Antworten auf den weltweiten Neoliberalismus und das Verschwinden des sozialistischen Lagers in Europa zu finden. Die folgenden Sitzungen wurden abgehalten in Managua (1992), Havanna (1993), Montevideo (1995), San Salvador (1996), Porto Alegre (1997), Mexiko-Stadt (1998), Managua (2000), Havanna (2001), Antigua Guatemala (2002), Quito (2003), São Paulo (2005), San Salvador (2007), Montevideo (2008), Mexiko-Stadt (2009) und Buenos Aires (2010). Das Ortega-Interview wurde im Zusammenhang mit dem 2. Forum geführt, das in der Hauptstadt von Nicaragua stattfand.

4 Honeckers ungewöhnlicher Vergleich macht auf das zwiespältige Urteil der Geschichte über diese beiden Personen aufmerksam. Napoleon überrannte ganz Europa und wurde anschließend von den vereinten Armeen bei Leipzig und bei Waterloo geschlagen. Objektiv betrachtet aber zertrümmerte Napoleon das feudale, reaktionäre Europa und verbreitete den Geist der Französischen Revolution auf dem Kontinent. Stalin formte aus dem rückständigen Zarenreich binnen dreier Jahrzehnte eine wirtschaftliche und militärische Großmacht.

23. August

90/160, 92 Puls – etwas zu hoch. Woher es kommt? Ich weiß es nicht.

Springer beschäftigt sich mit meinem Geburtstag[1]. Bringt eine ganze Seite in *Bild*. Nein, zwei Seiten. Das kann ich nicht ändern. Sie begreifen sich als Sieger und wollen einigen Gratulanten von vor fünf Jahren eins verpassen. Eine primitive Gesellschaft.

Für mich ist die Post von Arbeitern und von Angehörigen der Intelligenz, von Genossinnen und Genossen aus der ganzen Welt wichtig. Beglückt bin ich von Gratulanten aus Berlin, allen früheren Bezirken der DDR, aus Grundorganisationen der Partei und deren Leitungen, von Einzelpersonen und früheren Freundschaftsgesellschaften[2]. Ich muss unwillkürlich an meinen letzten Geburtstag in der Datsche bei Moskau und die Genossinnen und Genossen denken, es war ein Geburtstag im Zeichen des Untergangs der Sowjetmacht.

Wenn man heute zurückblickt auf 1987, so kann man sagen, dass wir die Gunst des Augenblicks genutzt haben, um zu Ergebnissen zu kommen. Gorbatschow hat aber va banque gespielt. Es war deshalb nicht möglich, mit der BRD ein Übereinkommen zu treffen, das zu einer grundlegenden Verbesserung der Beziehungen zwischen den beiden deutschen Staaten geführt hätte. Gorbatschow wusste, dass keineswegs der Preis durch unser Handeln gesenkt wurde, den er für die Verschleuderung der DDR kalkulierte. Aber sein Preis sank in dem Maße, wie die Perestroika negativ griff und sein Platz im Kreml gefährdet wurde.

Der Ruin der Sowjetunion, die Zerschlagung der KPdSU durch den Ukas Jelzins über das Verbot der Partei in Russland, die Einstellung ihrer Tätigkeit in den Staatsorganen, das alles hat schließlich den Bankrott der Perestroika offenbart. Gorbatschow blieb so konzeptionslos wie seine Politik von Anfang an war. Nur wollten uns das damals wenige glauben.

Die Rechnung haben die Völker zu zahlen. Auch die Truppen von Jelzin, die ausgezogen sind, den Kommunismus zu vernichten, werden es nicht schaffen, diese Idee zu beseitigen. Das ist heute bereits deutlich. Die Zukunft, davon bin ich überzeugt, wird dies bestätigen.

Man wird wohl an diesem und jenem Kritik üben müssen. Aber im Grunde war der Kurs der friedlichen Koexistenz mit der BRD seitens der DDR richtig. Es gab keine andere Wahl. Anstatt diesen Kurs zu stützen, haben die Kräfte unter oder um Tschernenko, der ein fester Freund der DDR war, diesen Kurs aus engstirnigen Gründen sabotiert.[3]

Die DDR hatte im Verhältnis zur Sowjetunion einen höheren Lebensstandard. In der DDR existierte ein Sozialismus, wie ihn die Massen in der Sowjetunion haben wollten. Das übersehen manche. Dieser Unterschied bestimmte schließlich die Haltung der Führungen der Sowjetunion unter Breshnew, Tschernenko und Gorbatschow. Deshalb auch Gorbatschows Ausruf: »Was soll ich meinem Volk sagen, Erich, wenn Du in dieser Situation die Bundesrepublik besuchst?«[4]

»Sein Volk« beschimpfte er sonst als faul, träge und dem Alkohol voll ergeben. Den Chef der Luftstreitkräfte ließ er bestrafen, weil dieser – entsprechend einem Befehl Gorbatschows – kein Flugzeug vom Himmel holte und erst recht nicht über dem Kreml.[5]

Das nur zur Erklärung für die späteren harten Worte, die zwischen uns fielen, als ich ihm sagte, die sowjetische Außenpolitik findet meine Unterstützung, aber zu seiner Innenpolitik kommt ein begründetes Nein. Ich denke, solche Gespräche hatte er mit keinem Generalsekretär des Bündnisses. Später konnte man seiner Außenpolitik auch nicht mehr zustimmen. Waren wir deshalb Feinde? Nein, das kann man nicht sagen. Ich bin ihm als Generalsekretär des Zentralkomitees der KPdSU vorbehaltlos entgegengetreten und habe seine Funktion respektiert.

Ich sagte ihm auf seine Fragen, ob ich mit diesem und jenem einverstanden sei: »So hat es L. I. Breshnew gehalten, ich würde an deiner Stelle aber nicht so verfahren, da wären wir dagegen.« Darauf antwortete er: »Wie kann ich das, er hat mich ja gefördert.«

Wer dies versteht, versteht manches andere auch.

Die Entfernung von Gromyko[6] erfolgte mit der Diskussion zum Entwurf für ein Gesetz über die örtlichen Organe. Er störte Gorbatschow im Politbüro. Gromyko genoss im Ausland hohes Ansehen, nach dem Fiasko der Perestroika muss man sagen: Er war ein Fixstern unter den damaligen sowjetischen Politikern. Seine Entscheidungs- und Entschlusskraft war beispielhaft, er hielt seine Vereinbarungen. Davon konnte man bei Gorbatschow nicht sprechen. Alle, die mit ihm ernsthaft zu tun hatten, können das bestätigen. Hingegen versuchte Gorbatschow über Krenz und Modrow, Stoph und Tisch Einfluss zu nehmen. Von Krolikowski will ich gar nicht sprechen, der, wie mich einmal Breshnew informierte, laufend insgeheim an den KGB Berichte sandte, die gingen nach Leningrad und Moskau. Krolikowski[7] schlug wiederholt darin vor, auf mich in irgendeiner Form Einfluss auszuüben.

Der Übergang von Tschernenko auf Gorbatschow vollzog sich bereits zu Lebzeiten Tschernenkos. Favorit war jedoch Romanow[8]. Beide, Romanow und Gorbatschow, organisierten und leiteten in Vertretung des Generalsekretärs die Arbeit des Politbüros. Das Sekretariat des Zentralkomitees ließ das laufen, dazu kein Wort. Romanow leitete auch die Delegation des Zentralkomitees der KPdSU zur Marx-Konferenz in Berlin im Palast der Republik[9], Tschernenko fiel wegen Krankheit aus. Die Leitung der Delegation durch Romanow, der einen Aufenthalt in Finnland zu dem Zweck unterbrechen musste, war keine Unterschätzung dieser internationalen Konferenz, die unter dem Thema stand »Karl Marx und der Frieden«. Die ursprünglich festgelegte Leitung der Delegation durch Tschernenko unterstrich, dass die Konferenz im Politbüro wichtig genommen wurde.

Dennoch spürte man Spannungen in der sowjetischen Delegation, die auch in der Folge belegt werden konnten. Gorbatschow wurde mit einer Stimme Mehrheit zum Generalsekretär gewählt. Vorgeschlagen hatte ihn Gromyko mit der Begründung, man müsse dem ZK ein Politbüro-Mitglied präsentieren, das jung und gesund sei.[10] Weil innerhalb von drei Jahren drei Generalsekretäre verstorben waren, gab es entsprechenden Druck.

Wir nahmen die Nachricht von der Wahl mit Befriedigung auf, nicht zuletzt deshalb, weil auch der gerade in Berlin weilende offizielle Vertreter des KGB – ein mir gut bekannter Genosse, der früher 1. Sekretär des Komsomol in Leningrad war und nun Generalleutnant beim KGB – alle Hoffnung in Gorbatschow setzte. Offensichtlich hat Gorbatschow nicht nur im Gespräch mit Schewardnadse 1984 am Strand des Schwarzen Meeres den Standpunkt vertreten, dass alles in der Sowjetunion faul sei, sondern auch im Politbüro, sonst hätte er dort wohl mehr Stimmen erhalten. Die eine Stimme über der Hälfte kann nicht von ihm gewesen sein, weil er nicht mit abgestimmt hat.

Mein erstes Gespräch mit M. S. Gorbatschow im Kreml in seiner Funktion als Generalsekretär verlief in einer aufgeschlossenen Atmosphäre. Dies wohl, weil wir uns 1984 in der Runde bei Tschernenko etwas näher kennengelernt hatten. Ich hatte ja noch eine Diskussion mit ihm im Auto, sozusagen als Vorbereitung unseres Gesprächs im Kreml mit den acht sowjetischen Genossen[11]. Was mir in diesem Gespräch auffiel, war seine Bemerkung, dass es den Arbeitern und Bauern in der Sowjetunion an Enthusiasmus beim Aufbau des Sozialismus fehle. Das sei in der DDR eben anders.

Diese Diskussion setzte sich später fort, man kann dies in den Protokollen nachlesen.

In den ersten zwei Jahren haben wir sehr vertrauensvoll zusammengearbeitet. Ich glaube nach Jaruzelski hatte ich die engsten arbeitsmäßigen Beziehungen mit ihm. Das endete nach seiner öffentlichen Kritik an Stalin, der doch schon seit über 30 Jahren tot war.[12]

Anmerkungen

1 Der 80. Geburtstag Erich Honeckers fand am 25. August statt.
2 In der DDR existierte eine Vielzahl bilateraler Freundschaftsgesellschaften, die erste, 1947 gegründete, war die Gesellschaft für Deutsch-Sowjetische Freundschaft (DSF). In der Folgezeit entstanden solche Verbindungen insbesondere zu Staaten, mit denen die DDR aufgrund des Alleinvertretungsanspruches der BRD keine diplomatischen Beziehungen unterhielt. Dachorganisation war die 1961 gebildete Liga für Völkerfreundschaft.
3 Anspielung auf eine Beratung am 17. August 1984 in Moskau, zu der der KPdSU-Generalsekretär Honecker einbestellt hatte. Unmittelbarer Anlass war ein geplanter Staatsbesuch Erich Honeckers in der BRD, gegen den die KPdSU Einspruch erhob. Im Kern aber ging es gegen Honeckers Bemühen für eine »Koalition der Vernunft«, um aus der Sackgasse herauszukommen, in die der NATO-Nachrüstungsbeschluss und der Abbruch aller Abrüstungsverhandlungen durch die Sowjetunion die Welt geführt hatten. Honeckers Politik wurde in Moskau als Alleingang beargwöhnt und als Zugeständnis an die Revanchisten gewertet. Die scharfe Auseinandersetzung wurde damals weniger von Tschernenko, sondern von Verteidigungsminister Ustinow und dem Landwirtschaftssekretär Gorbatschow geführt, der während der Krankheit von Tschernenko bereits das Politbüro der KPdSU führte.
4 Diese Äußerung Gorbatschows wird in mehreren zeitgenössischen Quellen durch den Zusatz ergänzt, dass Honecker darauf gesagt habe: »Und was sagen wir unserem Volk, das in tiefer Sorge um den Frieden ist und deshalb will, dass ich diese Reise unternehme?« Die dann vorgenommene Reise im September 1987 erfolgte gegen den unveränderten Widerstand Moskaus. Und dieser wurzelte auch in der Eitelkeit Gorbatschows, vor Honecker nach Bonn zu reisen. Dieses Recht reklamierte die sowjetische Führung für sich, wie sie sich auch durch Honecker düpiert sah, als der im Oktober 1986 als Erster nach Peking flog.
5 Das bezieht sich auf den Fall Rust. Aufgrund der Erfahrung mit dem Abschuss einer koreanischen Linienmaschine über sowjetischem Territorium 1983 hatte Gorbatschow, um eine Wiederholung zu vermeiden, entsprechende Order erlassen. Am 28. Mai 1987 war der 18-jährige Matthias Rust unbeschadet unweit des Roten Platzes mit seiner Cessna 172 P gelandet. Verteidigungsminister Sergei Leonidowitsch Sokolow,

der Chef der sowjetischen Luftverteidigung, Alexander Koldunow, sowie weitere Offiziere, die den 700-km-Flug über sowjetisches Territorium zugelassen hatten, wurden von Michail Gorbatschow verantwortlich gemacht und »auf eigenen Wunsch in den wohlverdienten, frühzeitigen Ruhestand« entlassen. Gorbatschow hatte sich dadurch die Chance »erarbeitet«, sich Kritikern der Perestroika unter den Militärs zu entledigen.

6 Andrej A. Gromyko (1909-1989), von 1957 bis 1985 sowjetischer Außenminister, von Gorbatschow auf den Posten des Vorsitzenden des Präsidiums des Obersten Sowjets abgeschoben, um seinen Vertrauten Schewardnadse zum Außenminister machen zu können. Er war einer der Architekten der Entspannungspolitik zwischen den Großmächten.

7 Werner Krolikowski gehörte seit 1971 dem Politbüro an, er war von 1973 bis 1976 und erneut ab1988 ZK-Sekretär. In verschiedenen Qellen wird er als wichtigster heimlicher Informant des Kreml in der SED-Führung bezeichnet.

8 Grigori W. Romanow (1923-2008) führte erfolgreich von 1970 bis 1983 das Gebietskomitee von Leningrad, 1976 holte ihn Breshnew ins Politbüro. Generalsekretär Andropow machte den Wirtschaftsfachmann als ZK-Sekretär verantwortlich für alle Fragen der Rüstungsindustrie. Gorbatschow – der Romanow in seinen Erinnerungen als beschränkt bezeichnete, von ihm sei im Politbüro »nur selten ein Gedanke oder Vorschlag« gekommen – ließ ihn im Juli 1985 als ZK-Sekretär ablösen.

9 Die Karl-Marx-Konferenz fand im April 1983 auf Einladung der SED statt, daran nahmen 144 Delegationen aus aller Welt teil. Die Zusammenkunft zum 100. Todestag von Marx war de facto ein Gipfeltreffen der kommunistischen und Arbeiterparteien in der Phase sowjetischer Sprachlosigkeit und Führungsschwäche. Darum sollte sie ursprünglich auch in Moskau stattfinden, was aber eine Reihe Parteien ablehnte. Moskau wiederum reagierte vergrätzt, dass die SED mehr als vorbildlich ihre Verpflichtung gegenüber der internationalen Arbeiterbewegung erfüllte, weshalb zunächst Generalsekretär Andropow sein Kommen absagte und mit der Teilnahme seinen Stellvertreter Tschernenko beauftragte, und der wiederum delegierte diese Aufgabe an Romanow. Alle Redebeiträge erschienen im Wortlaut im *Neuen Deutschland.*

10 Gorbatschow war mit 54 Jahren der zweitjüngste Generalsekretär, der jemals an der Spitze der KPdSU stand. Nur Stalin war jünger. Mit 44 Jahren übernahm dieser 1922 erstmals diese neu geschaffene Funktion.

11 An dem Treffen am 17. August 1984 in Moskau nahmen auf sowjetischer Seite neben Generalsekretär Tschernenko teil: die ZK-Sekretäre Gorbatschow und Russakow, Verteidigungsminister Ustinow, der Vorsitzende des Komitees für Staatssicherheit Tschebrikow, der 1. Stellvertreter des Außenministers Kornijenko, Tschernenkos Berater Scharapow, der Sektorenleiter in der zuständigen ZK-Abteilung Martynow sowie ein Mitarbeiter dieser Abteilung, der Dolmetscher Tarassow. An Honeckers Seite saßen die ZK-Sekretäre Hager und Axen, der Minister für Staatssicherheit Erich Mielke, der Leiter der Abteilung Internationale Verbin-

dungen im ZK Günter Sieber und sein Stellvertreter Bruno Mahlow als Dolmetscher. Bis auf Bruno Mahlow lebt keiner mehr von der SED-Delegation. Tschernenko hatte dort die Absage des Staatsbesuches gefordert. Laut Protokoll sagte er: »Was den Besuch in der BRD betrifft, so ist das natürlich eine Sache, die von der SED zu entscheiden ist. Wir glauben, dass Sie noch einmal kollektiv und allseitig, unter Berücksichtigung der von uns geäußerten Überlegungen, die Frage prüfen. Wir möchten Ihnen jedoch sagen, dass die sowjetischen Kommunisten es positiv aufnehmen würden, wenn Sie in der entstandenen Lage von dem Besuch Abstand nehmen.« Gorbatschow haute in diese Kerbe und führte aus: »Als die Raketen aufgestellt wurden, die Sozialdemokraten der Stationierung zustimmten, haben wir erklärt, dass, wenn nichts geschieht, ein neues Element in der Lage entsteht und dass es nicht so weitergehen kann wie vorher. Dass das seine Auswirkungen haben wird auf die Beziehungen auch zwischen beiden (deutschen) Staaten. Und was geschieht jetzt? Die Kontakte werden erweitert, der Besuch wird vorbereitet, es werden Kredite gewährt. Dies vereinbart sich nicht mit unseren Erklärungen.« Und nachdem Gorbatschow mit den revanchistischen Aktivitäten kam, reagierte Mielke süffisant: »Nebenbei bemerkt, Genosse Gorbatschow, die Informationen haben wir natürlich auch, und vielleicht hast du deine von uns bekommen.«

12 Zu den Misshelligkeiten gehörte auch der Umgang mit der Todesstrafe. Honecker hatte, nach einem Besuch der faschistischen Hinrichtungsstätte in Brandenburg-Görden, Mitte der 70er Jahre diese abschaffen wollen, was die sowjetische Führung unter Hinweis auf die DDR-Verfassung untersagte. Schließlich habe die DDR damals, so hieß es, nicht grundlos die Höchststrafe dort verankert: Es sei schließlich um die Ahndung der schlimmsten Nazi- und Kriegsverbrechen gegangen. Nachdem Gorbatschow 1985 Generalsekretär geworden war, beauftragte Honecker Egon Krenz, in Moskau erneut diese Sache zur Sprache zu bringen. Krenz bekam zur Antwort: Solange in den USA hingerichtet wird, gibt es für die sozialistischen Länder keinen Grund, die Todesstrafe abzuschaffen. Ungeachtet dieser Absage Gorbatschows beauftragte Honecker Krenz, für den Staatsrat eine Vorlage zur Abschaffung der Todesstrafe auszuarbeiten. Sie war Teil einer DDR-Justizreform, die auch die Bildung einer Zweiten Instanz für Rechtsmittel gegen Entscheidungen der Senate des Obersten Gerichts und eine umfassende Amnestie für Straftäter vorsah. Gleichwohl wird immer wieder die Legende kolportiert, die DDR habe die Todesstrafe einzig deshalb abgeschafft, um das Umfeld für den Honecker-Besuch in der Bundesrepublik 1987 freundlicher zu gestalten.

24. August

Heute gab es nichts Besonderes. Bis auf den Besuch von Rechtsanwalt Ziegler. Im Verfahren nichts Neues. Ab heute werden die Akten kommen. Alles andere hängt vom Gutachten Professor Schneiders ab.

In der Presse, die ich jetzt in reichlichem Maß erhalte, wird viel von meinem 80. geschrieben.

Nun, die DDR macht ihnen also immer noch zu schaffen. Sie wird es wohl auch weiterhin tun.

25./26./27./28. August

Verzeih mir, Margot, ich kam nicht zum Schreiben, obwohl oder weil sich so viel ereignete.

Das Wichtigste: Ich erhielt Deinen ersten Brief vom 14. August 1992. Obwohl ich durch Deine Telefongespräche von Dir laufend unterrichtet wurde, war ich doch unruhig. Jetzt habe ich Deinen Brief vor mir liegen. Mach Dir keine Sorgen: Nachdem sie mich jetzt hier haben, habe ich mich auf die neue Situation eingestellt.

Beim Besuch von Erika und Anke[1] drückten zum ersten Mal bei mir die Tränen. Das war die Wiedersehensfreude und machten auch die Tränen von Anke und Erika. Wir haben lang geplaudert, haben an Dich, Sonja, Robi und Vivi[2] gedacht. Deinen Brief hatte ich bei mir. Anke arbeitet in der Semesterpause stundenweise bei der Post. Es ist schön, eine so liebe Enkelin zu haben, eine so tapfere Studentin. Sie fragte gleich nach Robi und Vivi. Viele Grüße. Und Erika, sie ist doch mein liebes Töchterchen. Der Abschied fiel schwer.

Bis heute habe ich noch nicht alle Briefe und Karten gelesen, die ich zu meinem Geburtstag bekommen habe. Es waren so viele. Sie zeigen die große Solidarität, die DDR wird in der Geschichte weiterleben. Die Post, die ich Dir überlassen werde, sollte man auswerten.

Am Dienstag[3] waren auch die drei Anwälte zum Gratulieren da[4]. Dr. Wolff ist jetzt im Urlaub auf seiner Datsche. Er hat mit mir noch Dein letztes Gespräch besprochen, das Du mit ihm hattest. Ich habe festgelegt, Dir sofort etwas Geld zu senden und einen neuen Vorstoß zu unternehmen, damit Du Deine Rente von 2010 DM laufend erhältst. Darauf hast Du einen rechtlichen Anspruch, wie er mir sagte. Sobald meine Rente ausbezahlt wird, werde ich sie Dir übersenden, damit Du Dich dort erholen, vor allem leben kannst. Das andere werden wir ja noch besprechen.

Es kommt jetzt darauf an, die Zeichen der Zeit zu verstehen, zu erkennen, zu begreifen, dass ganz neue Fragen vor uns stehen, die sich daraus ergeben, dass der deutsche Imperialismus kaum das verdauen kann, was er in der Eile verschluckt hat. Schließlich ist das nicht so einfach in der krisengeschüttelten Welt. Die Union der Sozialistischen Sowjetrepubliken besteht nicht mehr. Krieg gibt es im Kaukasus, Moldawien. Unruhe in den Republiken, die zum Islam neigen oder die von ihm beherrscht werden. Russland selbst ist inmitten schwerer Erschütterungen – ein Dollar kostet 205 Rubel. Die Wirtschaft wird weiter zusammenbrechen, die Schulden im Ausland sich erhöhen. Das Ende von Jelzin ist gar nicht so abwegig.

Dass ich heute unter dem Galgen stehe, das ist nicht meine, das ist seine Schuld.

Am 26. August hat Prof. Schneider sein Gutachten erstattet[5]. Es soll 49 Seiten umfassen, wie mir die Anwälte sagten. Am 3. September wäre Haftprüfungstermin.

Anmerkungen

1 Tochter Erika Wildau und deren Tochter
2 Tochter Sonja und deren Kinder Roberto und Vivian
3 Der 25. August 1992 war ein Dienstag.
4 Rechtsanwalt Friedrich Wolff: »Am 25. August versammelten wir uns alle drei, um unserem Mandanten zum 80. Geburtstag zu gratulieren. Er hatte noch viele Gratulanten an diesem Tag, die Besuche taten ihm sichtlich gut. Sonst waren seine Wünsche bescheiden. Von der Anstalt war er nach diesen gefragt worden. Er wünschte sich Weinbrandkirschen.«
5 Prof. Volkmar Schneider berief sich auf ärztliche Befunde und Gutachten, die in der DDR im ersten Teil des Ermittlungsverfahrens gegen Erich Honecker zu den Akten gelangt waren, sowie auf die Unterlagen des Haftkrankenhauses Moabit, darunter den CT-Befund des Krankenhauses Moabit (Prof. Taenzer), ein Schreiben der Spezialpoliklinik Moskau vom 12. Februar 1992 und ein Zusatzgutachten des Psychiaters Dr. Werner Platz sowie eigene ärztliche Untersuchungen. Im Weiteren gibt Schneider das Gespräch mit Erich Honecker wieder. »Herr E. Honecker ist bereit, über sich und seine Erkrankungen frei zu erzählen. Es entstehen während des Gesprächs keinerlei Gesprächspausen. Herr E.

Honecker spricht über seine beiden Operationen (Gallenblase und Dickdarm sowie rechte Niere), über die Probleme bei dem ersten Versuch, die Gallenblase zu operieren (Zwischenfall bei der Narkoseeinleitung).
Er spricht über seine Klinikaufenthalte in Moskau und in Beelitz, aber auch, ohne dass er darauf angesprochen wird, über die Vorgänge, die dann letztlich zur Ausweisung geführt haben. Es seien sieben bis zehn Russen in Zivil gekommen und hätten ihn aufgefordert mitzukommen, darunter seien auch zwei Frauen gewesen, offensichtlich, weil man wohl zunächst der Annahme gewesen sei, dass auch Frau Honecker ausgewiesen werden sollte. Herr Honecker spricht über seine beiden Ehen und seine vier Enkelkinder. Auf sein Lieblingsenkelkind angesprochen meint er, dass dieser inzwischen schon 18 Jahre alt ist und ihm einen sehr netten Brief geschrieben habe. Das Enkelkind spreche fließend Spanisch. Er gar nicht. Er könne etwas Russisch, allerdings könne er sich auf Russisch nicht mit einem Russen fließend unterhalten, wohl aber eine Zeitung in Russisch lesen. Seine Frau habe angefangen, Spanisch zu lernen. Sie könne sehr viel besser Russisch als er. Hier, in der Haftanstalt, würde er viel lesen, Bücher und Zeitungen. Früher sei er kaum zum Lesen gekommen, habe aber schon seinen Goethe und seinen Schiller gelesen und in letzter Zeit den Heym, wie er sagt. Er spricht von seiner Inhaftierung 1935 (zehn Jahre, davon anderthalb hier in U-Haft). Er spricht ferner davon, dass bei seinem Verfahren auch der Richter Rehse mitgewirkt habe, der später dann in den 60er Jahren hier in West-Berlin freigesprochen worden sei.«
Und Schneider gibt auch die Einschätzung des Chefarztes des Haftkrankenhauses wieder. »Herr Kollege Rex meint, dass es keinerlei Schwierigkeiten auf der Station mit Herrn E. Honecker gebe. Er habe mit dem Patienten einen guten Kontakt (Arzt/Patient). Herr Honecker unterzieht sich bereitwillig allen erforderlichen ärztlichen Maßnahmen.«

31. August

Der gestrige Tag war nicht schön. Schwindelgefühl – zum Umfallen – Prüfung des Kreislaufes, niedriger Blutdruck 70 zu 110. Jetzt werde ich wohl Deinen Blutdruck bekommen[1]. Puls 88.

Heute früh etwas anders. Das ist es eben die Schwankung. Puls 100, Blutdruck 80 zu 160. Ich will versuchen etwas zu schreiben. Das, was ich bereits 1990 im Frühjahr auf Kassette sprach, ist eingetreten. Das größere Deutschland befindet sich im Fieber. Ich habe den Verdacht, dass die Leute mit viel Geld an den Strippen ziehen. Rostock[2], die Flammen, der Ausländerhass, »Deutschland den Deutschen«, Hitlergruß, und Tausende spenden Beifall. Eine Welle rast über die ganze frühere DDR – Asylantenheime sind nicht mehr sicher. Die Neo-Nazis stoßen in eine Situation, die für sie günstig ist: Arbeitslosigkeit, keine Perspektive. In fast jeder Familie Streit, Zukunftsängste, in manchen Orten beträgt die Arbeitslosigkeit 40 bis 70 Prozent. »Aufschwung Ost«? Nur Abschwung, kein Aufschwung. Die Industrie der DDR hat man zerschlagen, die Absatzmärkte im Osten und Südosten sind über Nacht weggebrochen, als man auf DM umstellte. Bedarf ist da, aber kein Geld bis Wladiwostok. Das alles erzeugt Hoffnungslosigkeit.

Die Jugendheime und -klubs sind geschlossen – kein Geld, sie zu unterhalten. Die Mieten steigen. Die Preise steigen. Ein Vertreter der Deutschen Bank sagt, die Inflation gehe hoch, die Gefahr ist größer, als man glaubt.

Deutschland steckt in der Krise. Die Schulden müssen die Enkel zahlen. Das ist schlimm. Da finden selbst unsere Wirtschaftspropheten keine Worte. Die DDR hatte lächerliche Außenstände von 15 Milliarden.

Die Experten sprechen davon, dass es zehn bis fünfzehn Jahre dauern werde, bis die Wirtschaft im Osten Deutschlands wieder steht. Das sagt man jetzt. Und in zehn oder fünfzehn Jahren: Was sagt man dann? Die Krise in Deutschland ist doch nur ein Teil der Krise der ganzen Welt.

Die Flammen von Rostock-Lichtenhagen und Hoyerswerda[3] sind ein furchtbares Menetekel. Die herrschenden Kolonialherren schieben dies alles der Vergangenheit zu, sie schieben es der DDR in die Schuhe. Da klingt dieses vollmundige Versprechen wie Hohn: »Vielen wird es besser gehen, keinem schlechter.«

Das Gegenteil ist eingetreten.

Aber das konnte man sich doch denken.

Wo bleiben jetzt die Schreier, die riefen: Honecker hat Deutschland gespalten. Honecker hat eben nicht. Das haben die Herren getan, die 1948 gegen den Willen des Volkes, gegen den Willen der Sowjetunion die separate Währungsreform durchzogen. Sie wussten 1990, was sie tun! Sie haben ja den Gewinn. Die Banken und Konzerne hatten Hochkonjunktur, die Ex-DDR wurde als Kolonie ausgeplündert. Hoffentlich erkennen die Massen in ganz Deutschland jetzt die Zeichen der Zeit.

Man muss dafür eintreten, dass alle entsprechend dem Grundgesetz ohne Diskriminierung am öffentlichen Leben teilnehmen können. Und dass die zahlen, die die großen Gewinne machen mit der DDR: die Westkonzerne und die Westbanken.

Natürlich fließt viel Geld in den Osten, in neue Bauvorhaben und zur Finanzierung der Arbeitslosigkeit. Aber das fließt zu großen Teilen wieder in den Westen zurück: über die Baufirmen, die von dort kommen, über die Supermarktketten und die dort angebotenen Westwaren, über die Bürokraten aus dem Westen, die überall in den Verwaltungen im Osten sitzen und Buschzulage kassieren. Jetzt kann jeder sehen, was freie Wirtschaft ist: Wer viel hat, verdient mehr. Wer nichts hat, verdient nichts.

Heute, nachdem Gorbatschow, Jakowlew, Schewardnadse, Medwedjew, Dobrynin und andere die Sowjetunion zerschlagen haben, ist es leicht, über ihre Unzulänglichkeiten herzufallen mit dem Ruf: Der Sozialismus ist tot. Es ist leicht zu vergessen, was sie der Menschheit einst war: eine Hoffnung. Dabei sollte man nie vergessen: Als die Sowjetunion noch jung und ungefestigt war, wurde sie mit einem eisernen Ring[4] umklammert. Heinrich Mann sprach von einem Pestgürtel. In seinem Buch »Ein Zeitalter wird besichtigt« schreibt er: »Dort wissen sie, als wäre es gestern gewesen: um ihren neuartigen Staat wurde, als er am Anfang und ungefestigt war, ein Pestgürtel gezogen.«

Dies heute zu vergessen, ist ein Anschlag gegen die Vernunft. Die Revolution von 1917, die Oktoberrevolution, verwandelte das Antlitz der Erde. Das gilt auch für die Zerschlagung der Union der Sozialistischen Sowjetrepubliken: Sie verändert die Welt.

Der »Pestgürtel«, von dem Heinrich Mann schrieb, umschloss später die Gemeinschaft der Staaten, die ihre Alternative im Sozialismus sahen. Doppelt und dreifach war er um die DDR gelegt: Nichtanerkennung und Hallsteindoktrin[5], Boykott und Embargo, die CoCom-Liste[6], Kalter Krieg und Ausgrenzung – und das alles nur für den Versuch einer sozialistischen Alternative, dafür, dass der Mensch Mensch sein kann.

Anmerkungen

1 Anspielung auf die Tatsache, dass Margot Honecker einen vergleichsweise niedrigen Blutdruck hat.

2 In Rostock-Lichtenhagen hatte es tagelang ausländerfeindliche Krawalle vor einem Asylbewerberheim gegeben. Während der Ausschreitungen wurden mehrere hundert rechtsextreme Randalierer von einer Menge von zeitweise bis zu 2.000 teilweise applaudierenden Schaulustigen beobachtet. Die Angriffe zwischen dem 22. August und 26. August 1992 führten zu 370 vorläufigen Festnahmen sowie 408 eingeleiteten Ermittlungsverfahren. 204 Polizeibeamte wurden verletzt. Unter den Festgenommenen befanden sich 110 Personen aus den alten Bundesländern, 217 aus Mecklenburg-Vorpommern (davon 147 aus Rostock) und weitere 37 aus anderen neuen Ländern. In der Nacht des 24. August warfen unter »Ausländer raus«-Rufen der umstehenden Schaulustigen mehrere meist jugendliche Täter Steine und vor dem Haus entzündete Molotowcocktails in das Gebäude. Der Eingangsbereich wurde von Rechtsextre-

misten mit Baseballschlägern gestürmt, die Beleuchtung und die Einrichtung zerschlagen und unter Rufen wie »Wir kriegen euch alle, jetzt werdet ihr geröstet« Benzin ausgeschüttet und angezündet.

3 Am 17. September 1991 kam es in Hoyerswerda zu den schwersten rechtsextremen Krawallen seit 1945 in Deutschland. In ein sogenanntes Gastarbeiterheim flogen Brandsätze, viele Anwohner schauten zu und applaudierten. Rund 30 Menschen, zumeist Vietnamesen, wurden verletzt.

4 Anspielung auf die Interventionskriege. Im Sommer 1919 standen die Truppen von 14 Staaten ohne jede Kriegserklärung auf sowjetrussischem Territorium, um mit weißgardistischen Generalen auf Moskau vorzurücken: von Norden General Nikolai Judenitsch zusammen mit englischen Truppen, im Süden General Anton Denikin, dessen Armee von den Franzosen ausgerüstet wurde, von Osten Admiral Alexander Koltschak, geleitet von englischen Militärberatern, und von Westen die neu organisierte polnische Armee des General Pilsudski. Winston Churchill, der persönlich den Vorstoß der Briten führte, schrieb 1929 in »The World Crisis: The Aftermath«: »Führten sie (die Alliierten) gegen Russland Krieg? Keinesfalls; aber sie erschossen jeden Sowjetrussen, den sie erblickten. Ihre Truppen hatten russisches Gebiet besetzt. Sie bewaffneten die Feinde der Sowjetregierung. Sie blockierten Häfen und versenkten Kriegsschiffe. Der Zusammenbruch des Regimes wurde von ihnen angestrebt und vorbereitet. Aber von Krieg oder Einmischung zu sprechen, galt als peinlich und beschämend. Sie behaupteten immer wieder, es sei ihnen völlig gleichgültig, was im inneren Russlands vorgehe. Sie waren unparteiisch – basta.«

5 Die von Staatssekretär Walter Hallstein formulierte Vorgabe war zwischen 1955 und 1969 für die Außenpolitik der Bundesrepublik verbindlich: Sie besagte, dass die Aufnahme diplomatischer Beziehungen mit der Deutschen Demokratischen Republik als »unfreundlicher Akt« gegenüber der Bundesrepublik gesehen wird. Als Gegenmaßnahmen war eine weite Skala von wirtschaftlichen Sanktionen bis zum Abbruch der diplomatischen Beziehungen mit dem betreffenden Staat möglich. Erklärtes Ziel war es, die DDR außenpolitisch zu isolieren – was auch funktionierte.

6 Auf Betreiben der USA wurde 1949 ein multilaterales Komitee gebildet, das über die Ausfuhr bestimmter Waren wachte. Die Importbeschränkungen, denen sich 17 Staaten unterwarfen, sollten einen Technologietransfer in den Osten verhindern. Die erfassten Güter wurden in ständig aktualisierten Listen (CoCom-Listen) fixiert. »Aufgrund der den Ostblockstaaten entstehenden zusätzlichen Kosten und zunehmenden Entwicklungsrückstandes kann dieses Embargo als erfolgreich bezeichnet werden«, heißt es bei *Wikipedia* zutreffend.

6. September

Ja, lange habe ich nicht geschrieben. Inzwischen hat sich viel ereignet. In Deutschland und in der Welt. Heute bringt man die Meldung, dass es in Bonn kriselt. Dazu kann ich noch nichts sagen, da ich nicht weiß, ob das stimmt, was verbreitet wird.

Es ist schon möglich, dass Kohl zu den Ereignissen schweigt. Er ließ vor acht Tagen erklären, dass man alles falsch eingeschätzt habe. Als wenn es 1990 in der BRD niemanden gegeben habe, der wusste, wie es kommen würde. Jetzt sollen die »blühenden Landschaften« erst in den Jahren 2005 bis 2010 kommen. Ich fürchte, daraus wird auch nichts, denn der blühende Kapitalismus und sein »zivilisiertes Gesellschaftsmodell« liegen arg in der Krise – von Tokio, Washington bis Berlin und Bonn.

So, meine Liebe, ich glaube, ich muss mich Deinen Fragen zuwenden.

Die Rechtsanwälte berieten am Montag[1]. Ziegler war jeden Tag hier, einmal auch unser treuer Dr. Wolff, der sich jetzt[2] im wohlverdienten Urlaub befindet. Wir werden sehen.[3]

Kommentare in *ND, FAZ, Tagesspiegel* – habe ich Dir geschickt, da steht alles drin.

Die Einschätzung bezüglich der marschierenden Faschisten[4] scheint zu stimmen – und die Rolle der SPD wird in diesen Tagen bestätigt[5].

Grüße von der VVN[6] kamen aus allen Ländern. Bis auf Berlin sind sie für meine Freilassung, haben aber zugleich eine indifferente Sicht. Der Einzige, der im Politbüro für die VVN-Kameraden, für Opfer und Kämpfer, eingetreten ist, war ich.[7] Ich bin nur froh, dass jetzt auch die Genossin Fodorová[8] und der Genosse van de Meer aus Groningen so fest für mich eintreten. Van de Meer war ja in der bürgerlichen Widerstandsbewegung der Niederlande. Er hat sich bei Dr. Wolff gemeldet, eine gute Sache.

Im Übrigen ist jetzt auch Hans Modrow aufgetaucht, er hat mir Grüße zum 80. übermittelt. Ich habe mich trotz allem gefreut[9].

Und was meinst Du, meine Liebe, in den letzten Tagen trat Egon Krenz im Dritten Programm auf. Ein guter Auftritt – nur schade, dass er seinem Ansehen selbst geschadet hat, soweit es vorhanden war.[10]

Anmerkungen

1 31. August 1992
2 Seit dem 29. August
3 Am 3. September war der von den Anwälten auf der Basis des Gutachtens von Prof. Schneider beantragte Haftprüfungstermin erfolgt. Im Ergebnis der anderthalbstündigen Verhandlung blieb der Haftbefehl bestehen, eine weitere ärztliche Untersuchung sollte erfolgen.
4 Gemeint sind die Ausschreitungen und Pogrome in Rostock-Lichtenhagen und deren Kommentierung in der Presse.
5 Vermutlich Anspielung auf die Haltung der SPD zu seinem Verfahren. Hier wie auch an anderen Stellen findet eine Vermischung von Anmerkungen zu tagespolitischen Vorgängen und grundsätzlichen Wertungen statt, die nachträglich nur schwer zu entschlüsseln sind.
6 Vereinigung der Verfolgten des Naziregimes, gemeint ist der 1990 gegründete Interessenverband ehemaliger Teilnehmer am antifaschistischen Widerstand, Verfolgter des Naziregimes und Hinterbliebener, kurz: Interessenverband der Verfolgten des Naziregimes (IVVdN). Im Oktober 2002 wurde der IVVdN Mitglied des Bundesverbandes der Vereinigung der Verfolgten des Naziregimes – Bund der Antifaschistinnen und Antifaschisten (VVN/BdA).
7 Die VVN war in der DDR 1953 aufgelöst worden, an deren Stelle war das Komitee der Antifaschistischen Widerstandskämpfer getreten. In dessen Führung wurde ein Politbüromitglied integriert. In den 70er Jahren war das Erich Mückenberger, der als Sozialdemokrat wiederholt in der Nazizeit inhaftiert war. Danach nahm Hermann Axen, in Auschwitz und Buchenwald inhaftiert, diese Funktion wahr. Im Unterschied zur VVN handelte es sich um keinen Mitgliederverband, sondern um einen Zusammenschluss ehemaliger aktiver Widerstandskämpfer, der objektiv zum Aussterben verurteilt war. Mitte der 80er Jahre gehörten den 15 Bezirkskomitees noch etwa zweieinhalbtausend Personen an. Das Vermögen des Komitees, korrekter: der Nachfolgeorganisation IVVdN (rund 3,4 Millionen DM) wurde 1991 von der Treuhandanstalt beschlagnahmt.

8 Sarah Fodorová, eine jüdische Medizinstudentin aus Prag, arbeitete als Kurier der Auslandsleitung der KPD. Sie hatte am 3. Dezember 1935 Erich Honecker »einen Umschlag mit 350 Reichsmark, einen Notizblock mit verschlüsselten Nachrichten und einen Gepäckschein« übergeben, danach waren beide verhaftet, Honecker verurteilt und Fodorová freigesprochen worden. Am 22. November 1990 behauptete der *Stern*, Honecker habe damals Genossen verraten. Die Autorin des Beitrages, die »habilitierte Historikerin Monika Kaiser«, hatte ferner unterstellt: »Besonders verhängnisvoll erwies sich Honeckers Verhalten in den Verhören für die Jüdin Sarah Fodorová.« Friedrich Wolff dazu: »Erst 1992 suchte mich ein Ostberliner auf, der von einer Reise nach Israel zurückgekehrt war, und übergab mir einen Brief Sarah Fodorovás, die unter dem Namen Wiener in Tel Aviv lebte, an die in Berlin erscheinende Boulevardzeitung *Super!*, in welchem sie Bezug nahm auf einen Beitrag am 9. September 1991 in dieser Postille. ›Mein Name ist Sarah Wiener (früher Fodorová). Ich bin die Kurierin aus Prag, von der im Artikel die Rede ist. Ich wurde im Dezember 1935 verhaftet und wurde vor das Nazi-Volksgericht gestellt, zusammen mit Bruno Baum, Erich Honecker und anderen. Ich bin vom Gericht freigesprochen worden aus Mangel an Beweisen. Dies geschah dank der Aussagen und des Verhaltens von Honecker, der, was mich betrifft, mich nicht belastet noch verraten hat, im Gegenteil: Er hat meine Aussagen bestätigt.
Herrn Honecker habe ich im Leben viermal gesehen, davon zweimal auf der Straße, einmal im Kaffeehaus, das vierte Mal während des Prozesses. Außer im Gerichtssaal waren unsere Begegnungen sehr kurz.
Nach der Freisprechung kehrte ich in die Tschechoslowakei zurück, dann lebte ich in den USA, wieder in der Tschechoslowakei und seit ungefähr 24 Jahren lebe ich in Israel – also keine Schutzhaft nach dem Gericht, kein KZ, kein Tod durch Gas, wie Sie schreiben. Ich ersuche Sie nachdrücklich diesen meinen Brief zu veröffentlichen. Sarah Fodorová-Wiener‹
Soweit ich weiß, wurde der Brief von der *Super!* nicht veröffentlicht. *Bild am Sonntag* erfuhr davon und beauftragte einen Journalisten zu recherchieren. Dieser fuhr im Juni 1992 nach Israel, fand auch die Fodorová, die klipp und klar erklärte: ›Ich verdanke Honecker mein Leben. Daran besteht für mich überhaupt kein Zweifel. Auch wenn ich mit manchen politischen Entwicklungen in seinem Land nicht einverstanden war, werde ich ihm das und sein tapferes und mutiges Auftreten vor dem Nazi-Tribunal niemals in meinem Leben vergessen und ihm dafür immer dankbar sein. Manches, was jetzt in Deutschland nach der Vereinigung geschieht, kann ich aus der Entfernung nicht richtig beurteilen. Aber ich kann mir nicht vorstellen, dass man einen alten Mann, der für seine politische Überzeugung, ich glaube zehn Jahre, im Nazi-Kerker gesessen hat, noch einmal einsperrt. Nein, das kann ich nicht glauben. Ich kann auch nicht verstehen, wie verantwortungslos Ihre Zeitungen schreiben.‹ *Bild am Sonntag* druckte nichts von dem, was ihr der Reporter berichtete. Man erklärte: ›Das können wir nun wirklich nicht ins Blatt nehmen.‹«

9 »Trotz allem«: Hans Modrow wurde, wenn nicht die Schuld, so doch eine Mitschuld an der Verhaftung vom 30. Januar 1990 gegeben. Der Generalstaatsanwalt der DDR, so die Sicht Erich Honeckers, habe wenn nicht im Auftrag, so doch mindestens nicht ohne Wissen des amtierenden Ministerpräsidenten den Haftbefehl ausgefertigt. Modrow stellt dies in Abrede und verweist auf die Unabhängigkeit der Justiz. Der Druck, so Hans Bauer, damals Staatsanwalt und Mitglied des Mitte November 1989 von der Volkskammer gebildeten Ausschusses zur Untersuchung von Korruption und Amtsmissbrauch, habe – wie auch die Abteilung für Wirtschaftsstrafsachen beim Generalstaatsanwalt – eine eigene Dynamik entwickelt. Man kann auch sagen: Sie blieb von der insbesondere von den Medien geschürten Verfolgungs- und Enthüllungshysterie nicht unbeeinflusst. Bauer erinnert sich, dass dort etwa nach der Hinrichtung der Ceausescus am 25. Dezember 1989 solche Bemerkungen fielen wie: Da passiert wenigstens etwas, da findet Strafverfolgung statt … Offenkundig folgten diese Gremien einem vermeintlichen Handlungszwang, der in der Verhaftung Honeckers nach seiner Operation in der Charité gipfelte.

10 Egon Krenz, der am 18. Oktober 1989 Nachfolger von Erich Honecker im Amt des Generalsekretärs geworden war und sechs Tage später von der Volkskammer auch zum Staatsratsvorsitzenden und Vorsitzenden des Nationalen Verteidigungsrates gewählt wurde, hatte nicht nur aus Sicht Honeckers maßgeblichen Anteil an seiner Ablösung. Das habe, wie EH hier schreibt, »seinem Ansehen« geschadet.

7. September

Laut Luitwin Bies[1] hat am 31. August 1990 Gysi[2] erklärt, dass im Vergleich zum real existierenden Sozialismus wir »in eine fortschrittliche Gesellschaft kommen«. Ob er heute noch zu dieser Äußerung steht, zumal in der Ex-DDR alles durcheinander geht und Herr Kohl noch keine Möglichkeit gefunden hat, dem unmissverständlichen Eingeständnis zu entgehen, dass er 1989/90 die Lage falsch eingeschätzt und noch nicht den richtigen Weg in die von ihm versprochene »blühende Landschaft« gefunden habe.

Es besteht kein Zweifel, dass die BRD, die auszog – diesmal ohne Krieg – sich Lebensraum im Osten zu erobern, wie ihr Vorgänger daran zu scheitern droht. Es soll stattdessen nun »zusammenwachsen, was zusammengehört«.

Bald wird man sehen, wie weit das Wachstum vorangeschritten ist. Bis jetzt ist noch keine Lösung gefunden, um den Arbeitslosen Arbeit, den Obdachlosen eine Wohnung, der Industrie und Landwirtschaft einen Aufschwung zu verschaffen. – Es geht also, nachdem der Aufschwung Ost ausgeblieben ist, um einen neuen Aufschwung. Dabei sollen jetzt die Sozialdemokraten und Engholm[3] helfen.

Ansonsten ist noch keine Ruhe in das Land eingekehrt. Gestern Abend wollte man bei »Talk im Turm« der Frage auf den Grund gehen, woher der Ausländerhass kommt. Eine elende Pleite. Konnte ja auch nichts werden, da Herr Bernd Wagner[4] von der Kriminalpolizei einen Zusammenhang herstellte zwischen der jetzigen Katastrophe mit den Nazis und der von mir geplanten offiziellen Reise in die USA. Diesen Unsinn haben alle bemerkt, nur die Teilnehmer der Talkshow eben nicht. Armer Mann, er soll früher im DDR-Innenministerium gearbeitet haben.

In Rudolstadt, man hat das beiläufig erwähnt, waren über 2.000 Neonazis aufmarschiert[5] – unter dem Schutz

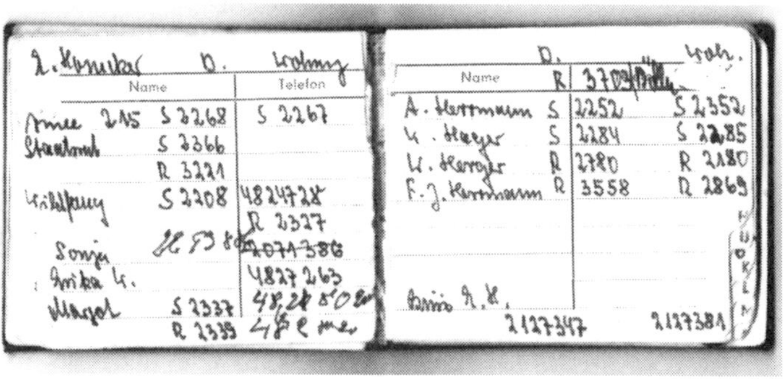

Das private Telefonbuch Erich Honeckers, Buchstabe H, mit den Berliner Telefonnummern seiner Töchter Sonja und Erika sowie von Ehefrau Margot. Rechte Seite: Joachim (»Achim«) Herrmann, Kurt Hager, Wolfgang Herger und Frank-Joachim Herrmann sowie das Büro E. H.

der Polizei. So ist es. Das war schon mal so – da sangen sie auch »Die Straße frei« und laut »Sieg heil!«.

Ob das den Leuten bald dämmert?

Nun, liebe Margot, es ist heute Montag. Ich denke viel an Dich. Was wirst Du jetzt tun? – Bin gespannt, ob meine Briefe bei Dir angekommen sind. Heute ging ein weiterer zu Dir ab. – Ich werde jetzt wohl telefonisch Nachricht von Dir erhalten.

Was ich sehe: Im Herzen tragen die jungen Ostdeutschen, die heute 17 sind, ein Bild von der DDR, die sie selbst erlebt haben. Sie wollten damals ihre DDR behalten, sie waren nach der »Vereinigung« alle betrübt. Sie ließen keine Demo aus, legten sich mit den Bullen an. Das war ein Aufschrei. Die Kluft zum Westen wird immer tiefer. »Hier bin ich Ossi, hier darf ich sein«, sagte einer. Sie konnten lange nicht glauben, dass es die DDR nicht mehr gibt. Ein Mädchen erklärte: »Ich kann die DDR nicht verdammen, damals bin ich glücklich gewesen. Für mich ist alles schlechter geworden. Meine Eltern haben schlagartig die Arbeit verloren. Es heißt heute, wir seien früher in der DDR alle unterdrückt worden – so ein Quatsch. In der DDR-Schule haben wir mehr Dampf abgelassen als heute.

Irgendwie fehlt uns die DDR. War nicht schlecht, wenn man sich erinnert.« Ein 18-Jähriger sagte im Rundfunk auf die Frage, was er für Träume habe: »Arbeit, dass ich leben kann. Und dass ich 'ne Regierung habe, die wirklich demokratisch ist, nicht so 'ne Scheindemokratie wie jetzt. Da war die DDR demokratischer, nicht von der Form her, aber für die Leute kam mehr raus. Ich habe von Diktatur nichts gemerkt. Mir ging es gut, ich hätte auch nicht geweint, wenn die DDR geblieben wäre.«[6]

Anmerkungen

1 Luitwin Bies (1930-2009) war ein saarländischer Politiker, Historiker und Publizist. Der promovierte Kommunist arbeitete in den 80er Jahren bei der VVN in Frankfurt am Main und danach im Stadtarchiv von Völklingen.

2 Der Rechsanwalt Dr. Gregor Gysi war auf dem Sonderparteitag der SED am 8. Dezember 1989 zum Vorsitzenden der SED gewählt worden. Danach gab sie sich den Namen SED-PDS, Anfang Februar 1990 strich der Parteivorstand das SED aus dem Parteinamen. Gysi war nach dem 18. März 1990 zum Vorsitzenden der PDS-Fraktion in der Volkskammer gewählt worden.

3 Björn Engholm, von 1991 bis 1993 SPD-Vorsitzender

4 Bernd Wagner war Oberstleutnant der DDR-Kriminalpolizei und dort zeitweilig Leiter der AG »Skinhead«, 1990 arbeitete er als Kriminaloberrat im Gemeinsamen Landeskriminalamt der ostdeutschen Länder. Seit 1992 war er als wissenschaftlicher Mitarbeiter im Programm der Bundesregierung gegen »Aggression und Gewalt Jugendlicher in den Neuen Bundesländern« (AgAG) tätig und war dafür im Institut für Sozialarbeit und Sozialpädagogik (ISS) Frankfurt/Main angestellt.

5 Am 17. August 1992, dem fünften Todestag des Hitler-Stellvertreters Rudolf Heß, marschierten medienwirksam und ohne nennenswerte Proteste bei einer kurzfristig angemeldeten Demonstration rund 2.000 Neonazis durch das thüringische Rudolstadt. Antifaschistische Demonstranten wurden zur gleichen Zeit im nordbayerischen Hof von der Polizei festgehalten und führten dort mit 2.500 Teilnehmern eine Protestdemonstration durch.

6 Offenkundig bezieht sich Erich Honecker auf Äußerungen, welche er Rundfunk- und Fernsehsendungen sowie Printmedien entnahm, ohne die Quelle zu nennen.

15. September

Margot, ich habe lange nichts mehr geschrieben. Nicht, dass nichts da gewesen wäre. Im Gegenteil. Aber die Dinge haben mich sehr beschäftigt. Die viele Post zum Geburtstag. Etliche Antworten habe ich schon geschrieben, auf einige will ich noch antworten. Es kamen Briefe von Freunden aus den verschiedenen Stadtbezirken von Berlin, Grundorganisationen der DKP, KPD, PDS, USPD, Jungsozialisten aus einer Stadt im Westen, Arbeiter aus Karl-Marx-Stadt, Berlin, Rostock, Dresden, Halle, Magdeburg, Erfurt, Leipzig, Schwerin, Neubrandenburg, Potsdam, Brandenburg, Frankfurt/Oder, Ludwigshafen, Saarbrücken, London, Wiebelskirchen, Neunkirchen, Gladbeck und wie die Orte und Organisationen alle heißen, zudem schrieben viele Persönlichkeiten.

Du hast recht, unsere Verantwortung ist groß. Deshalb ist es wichtig, dass ich den Prozess[1] durchstehe. Nicht meinetwegen, sondern wegen der Sache, wegen der sozialistischen Idee. Das bin ich den Genossen schuldig, die jahrzehntelang für den Sozialismus gekämpft haben.

Vorhin las ich, dass »er«[2] heute um 11.45 Uhr kommt. Der Mann hat keine Scham. In der Zeitung steht, er sei umjubelt worden. Später soll der Verräter ja noch einmal kommen, um die Ehrenbürgerwürde zu empfangen[3].

Selbst General Gribkow[4] sagt dieser Tage ganz offen: »Gorbatschow hat die Hauptschuld am Zerfall der Sowjetunion.« Kann man ja auch nicht bestreiten. Er und seine Umgebung, die jetzt von den Almosen der Bourgeoisie lebt, sind dafür verantwortlich. Nach Jakowlew aber ist Karl Marx daran schuld und – wie ich las – EH.

Ja, es stimmt, bei den Genossen ist eine Umstellung zu beobachten, sie stellen sich auf die Veränderungen ein. Es treten jetzt Personen in Erscheinung, die vorher keine

Rolle spielten. Ellen Brombacher[5]. Sie hat auch Grüße übermitteln lassen. Ein tapferes Mädchen. Sie war unlängst beim »Talk im Turm«[6] und hat sich nicht unterkriegen lassen. Petra Kelly[7] war auch dabei – schade, dass wir sie in Beelitz nicht empfangen konnten. Sie hat wenigstens bemerkt, dass ich ehrlich für den Frieden eintrat. Wie Ellen hatte sie in der Runde einen schweren Stand. Konnte mit solchen Leuten wie Schorlemmer[8] auch nicht anders sein. Es gibt eben nicht nur Pfarrer Holmer[9].

Im Grunde hatten wir eine richtige Friedenspolitik. Unsere Leute mussten sich im Innern tapfer schlagen. – Sie taten dies auch.

Anmerkungen

1 Die Anwälte hatten gegen die am 3. September abgelehnte Aufhebung des Haftbefehls Beschwerde eingelegt. Darüber wollte am 5. Oktober das Kammergericht entscheiden.
2 Michail S. Gorbatschow
3 Gorbatschow bekam zum dritten Jahrestag des »Mauerfalls« die Ehrenbürgerwürde Berlins verliehen. Dies war in mehrfacher Hinsicht fragwürdig, zumal unmittelbar zuvor – am 29. September 1992 – verschiedenen Landsleuten diese Ehrung aberkannt worden war, etwa sowjetischen Offizieren und Soldaten, die sich bei der Befreiung Berlins vom Nazifaschismus und um den Wiederaufbau der Stadt verdient gemacht hatten: General Fjodor J. Bokow; die Sergeanten Michail Jegorow und Meliton Kantaria, welche die rote Fahne auf dem Reichstag gehisst hatten; Generaloberst Michail Katukow; Marschall Iwan Konew; Oberst Alexander Kotikow, Berliner Stadtkommandant; Nikolai Mossalow; Marschall Wassili Sokolowski; Michail Solomatin; Marschall Wassili Tschuikow und Generaloberst Nikolai Bersarin, erster Stadtkommandant Berlins (nach Protesten am 11. Februar 2003 wieder zum Ehrenbürger erklärt). Unter den Persönlichkeiten, die ihrer Berliner Ehrenbürgerschaft verlustig gingen, war auch Erich Honecker.
4 Anatoli I. Gribkow (1919-2008), zuletzt Armeegeneral und von 1976 bis 1988 Stabschef der Vereinten Streitkräfte des Warschauer Vertrages, Mitglied des ZK der KPdSU und des Obersten Sowjet. Gribkow stellte am 7. Juni 1996 gemeinsam mit Marschall Kulikow in einem Schreiben an das Berliner Landgericht explizit die Verantwortung der Sowjetunion für das Grenzregime – wofür Honecker und Genossen angeklagt und verurteilt wurden – heraus. »Mit Aufmerksamkeit und Besorgnis verfolgen wir die Prozesse in der BRD gegen frühere Hoheitsträger der DDR, insbe-

sondere gegen die Angehörigen der NVA und der Grenztruppen der DDR im Zusammenhang mit den tragischen Folgen von Grenzverletzungen.

Wir bringen unsere Anteilnahme den Angehörigen der Opfer zum Ausdruck und möchten gleichzeitig Ihre Aufmerksamkeit auf einige Umstände lenken, die uns aufgrund unserer militärischen Funktion und Verantwortung bekannt sind bzw. an denen wir persönlich mitgewirkt haben.

1. Mit dem am 9. Mai 1955 vollzogenen Beitritt der BRD in die NATO und dem Beitritt der DDR am 15. Mai des gleichen Jahres in die Organisation des Warschauer Vertrages wurde die Spaltung Deutschlands endgültig zementiert. Demnach hat also Mitte der 50er Jahre die »innerdeutsche Grenze« endgültig aufgehört zu existieren. Ab diesem Zeitpunkt standen sich zwei Staaten nicht nur durch ihre Politik, ihre machtpolitischen Strukturen und ihre Vorstellungen über die Zukunft als unversöhnliche Gegner gegenüber, sondern auch im Zusammenhang mit ihrer Mitgliedschaft in Militärblöcken, die von ihrer Philosophie her und ihren Aktionen konfrontativ angelegt waren. Ausgehend davon wurde die Staatsgrenze der DDR zur BRD von den Teilnehmerstaaten des Warschauer Vertrages und vor allem von der Führung der Sowjetunion als eine Grenze zwischen zwei sich feindlich gegenüberstehenden militärpolitischen Blöcken betrachtet. Es war die sensible Trennlinie zwischen den beiden mächtigen militärischen Gruppierungen, deren zuverlässige militärische Sicherung eine erstrangige Bedeutung hatte.

Deshalb darf man die Ereignisse an dieser Grenze in den Jahren von 1961 bis 1989 nicht aus dem historischen Kontext des Kalten Krieges und der ständigen Konfrontation der bedeutenden militärischen Potentiale herausreißen, die die Lage auf unserem Kontinent in dieser Periode kennzeichneten.

2. Alle wichtigen Entscheidungen, die mit den Problemen der Verteidigung der DDR einschließlich der Grenzsicherung im Zusammenhang standen, wurden unter Berücksichtigung der Interessen der Teilnehmerstaaten des Warschauer Vertrages getroffen. Deshalb waren auch die Sicherungsmaßnahmen vom 13. August 1961 in Berlin das Ergebnis eines Beschlusses des Politisch Beratenden Ausschusses der Teilnehmerstaaten des Warschauer Vertrages.

Diese Grenze und die Grenzsicherungsmaßnahmen hatten in der Periode des Kalten Krieges eine große Bedeutung für die Aufrechterhaltung des Friedens in Europa. Deshalb wurde von unserer, von sowjetischer Seite, immer aktiver und wirksamer Einfluss auf alle Grenzsicherungsmaßnahmen genommen, der pioniermäßige Ausbau der Staatsgrenze eingeschlossen.

Ausgehend davon wurden die Fragen des Grenzregimes sowohl durch Vereinbarungen zwischen der DDR und der UdSSR als auch im Rahmen des Warschauer Vertrages geregelt. Die DDR als unser wichtigster

Verbündeter im Warschauer Vertrag hat sich immer und mit großer Disziplin im Interesse unseres Bündnisses den ›Empfehlungen‹ und ›Bitten‹, die faktisch Weisungen darstellten, untergeordnet.
3. Das Oberkommando der Vereinten Streitkräfte des Warschauer Vertrages war immer über Stärke, Struktur, Bewaffnung und Ausbildung der Grenztruppen der DDR sowie alle Grenzsicherungsmaßnahmen einschließlich des pioniermäßigen Ausbaus der Staatsgrenze informiert. Auf Weisung der sowjetischen militärpolitischen Führung haben wir aktiv Einfluss auf diese Maßnahmen genommen. [...] Der Oberkommandierende der Vereinten Streitkräfte und sein Stab waren immer durch den Vertreter des Oberkommandierenden bei der NVA der DDR über die Lage an der Staatsgrenze und über schwerwiegende besondere Vorkommnisse im Grenzgebiet informiert. Dieser sowjetische General, der den Oberkommandierenden der Vereinten Streitkräfte des Warschauer Vertrages bei der NVA vertrat und im Verteidigungsministerium der DDR arbeitete, erhielt jeden Tag um 8.00 Uhr die operative Tagesmeldung, nahm an allen Kollegiumssitzungen und Kommandeurstagungen teil und hatte das Recht, Kontrollen in den Teilstreitkräften und bei den Grenztruppen durchzuführen.
4. In den Jahren von 1977 bis 1989 waren wir, der Oberkommandierende und der Chef des Stabes der Vereinten Streitkräfte, aufgrund unserer militärischen Funktionen im Warschauer Vertrag jährlich zwei oder dreimal, manchmal auch öfter, in der DDR. Bei den Zusammenkünften mit der Partei- und Staatsführung der DDR, auf denen regelmäßig auch Fragen der Grenzsicherung und die Lage an der Staatsgrenze behandelt wurden, konnten wir uns davon überzeugen, mit welch großer Verantwortung die DDR an diese Fragen heranging.
Ihr Hauptanliegen bestand darin, für Ruhe und Ordnung an der Grenze zu sorgen und trotz der vielen Anschläge keine Provokationen zuzulassen. Nicht nur wir, das Oberkommando der Vereinten Streitkräfte und die führenden Militärs der Armeen des Warschauer Vertrages, sondern auch die Politiker unserer Länder haben immer wieder mit großer Hochachtung den politisch verantwortungsvollen und schweren Dienst der Grenztruppen der DDR gewürdigt. Immer wieder wurde von sowjetischer Seite unterstrichen: ›Dieser Dienst an der Trennlinie zwischen Sozialismus und Kapitalismus ist echter Friedensdienst, ist Pflichterfüllung im Interesse des Warschauer Vertrages.‹
5. Die DDR war ein souveräner Staat, Mitglied der UNO und von 138 Staaten diplomatisch anerkannt. Sie war auf allen Gebieten souverän – aber nach unserer Einschätzung nicht auf militärpolitischem und militärischem Gebiet. Dafür gab es zwei Gründe:
(1) die exponierte militärgeografische Lage der DDR in Europa als Vorposten des Warschauer Vertrages und die dortige Präsenz einer 500.000 Mann starken, in ihrer Kampfkraft unvergleichlichen Elitegruppierung der sowjetischen Truppen, ausgerüstet mit modernster Bewaffnung und Ausrüstung einschließlich von Kernwaffen auf dem Territorium der

DDR. Dadurch bedingt verlief der vordere Rand der ersten strategischen Verteidigungslinie der Vereinten Streitkräfte des Warschauer Vertrages entlang der Staatsgrenze der DDR und der BRD. Deshalb hatte die sowjetische Seite auch das militärische Sagen auf dem Territorium der DDR.

(2) die feste Eingliederung der DDR und ihrer bewaffneten Organe in die Militärorganisation des Warschauer Vertrages sowie die Einbindung der NVA und der Grenztruppen der DDR im Verteidigungsfalle in die Front der GSSD, die von Moskau gestellte Aufgaben zu erfüllen hatte. Deshalb war die Organisation der Landesverteidigung der DDR, deren Stärke, Bewaffnung, Ausrüstung, Dislozierung und Ausbildung stets den Ausgangsorientierungen aus Moskau untergeordnet.

Diese beiden Faktoren und andere zum Teil noch aus der Besatzungszeit rührende Fragen waren die Ursachen dafür, dass die DDR auf militärischpolitischem Gebiet nicht souverän war.

6. Unter Berücksichtigung dieser Tatsachen war darum sowohl die politische als auch die militärische Führung der DDR nicht frei in ihren Entscheidungen. Die Führung der DDR konnte an der Grenze zur BRD und zu Westberlin eigenständig nichts unternehmen. Jegliche Veränderung der Ordnung an der gemeinsamen Grenze der Teilnehmerstaaten des Warschauer Vertrages erforderte die Abstimmung mit ihm, das heißt mit den höchsten Organen seiner Teilnehmerstaaten. Alleinige Entscheidungen der Führung der DDR in diesen Fragen waren ausgeschlossen, da Alleingänge die Interessen des Warschauer Vertrages berührt und ihn dadurch bedroht hätten. Das wäre von Paktmitgliedern, in erster Linie von der Sowjetunion, niemals zugelassen worden.

Wir halten es für unsere Pflicht, als hochrangige Vertreter der Organisation des Warschauer Vertrages unseren Standpunkt zu den von uns angesprochenen Fragen darzulegen.

Wir geben der Hoffnung Ausdruck, dass unseren Argumenten die gebührende Aufmerksamkeit zuteil wird.«

Dieses Schlüsseldokument, in welchem klar die Verantwortung Moskaus für das Grenzregime und seine Vormundschaft gegenüber der DDR artikuliert wird, wirft natürlich auch ein bezeichnendes Licht auf die Bigotterie der Bundesrepublik im Umgang mit dem Oberkommandierenden des Warschauer Paktes, Michail S. Gorbatschow.

5 Ellen Brombacher, Jahrgang 1947, war Funktionär in der FDJ, zuletzt Sekretär der Berliner Bezirksleitung der SED und profilierte sich als Bundessprecherin der Kommunistischen Plattform in der PDS. Viele Angehörige ihrer jüdischen Familie wurden Opfer des Holocaust.

6 »Talk im Turm«, eine zwischen 1990 und 1999 wöchentlich vom Privatsender Sat.1 ausgestrahlte, einstündige Talkshow, die geprägt wurde von Erich Böhme (1930-2009), Ex-*Spiegel*-Chefredakteur in der Nachfolge von Günter Gaus.

7 Petra Kelly (1947-1992), Friedensaktivistin und Gründungsmitglied der Grünen, hatte am 31. Oktober 1983 als Bundestagsabgeordnete Erich

Honecker im DDR-Staatsrat besucht. Dabei wurde sie begleitet von Gert Bastian, Antje Vollmer, Otto Schily, Dirk Schneider und Lukas Beckmann. Kelly trug demonstrativ ein T-Shirt mit dem Symbol »Schwerter zu Pflugscharen«. Offenkundig, darauf deutet die Bemerkung Honeckers hin, hat es Bemühungen von Petra Kelly gegeben, ihn während seines Aufenthaltes in Beelitz zu besuchen. Wenige Wochen später, am 19. Oktober 1992, wurden die Leichen von Petra Kelly und ihres Lebensgefährten Gert Bastian in ihrem Bonner Reihenhaus entdeckt, wo sie drei Wochen unentdeckt lagen.

8 Friedrich Schorlemmer, erst Studentenpfarrer, von 1978 bis 1992 Dozent am Evangelischen Predigerseminar in Wittenberg, danach (bis zur Rente 2007 mit 63 Jahren) Studienleiter der Evangelischen Akademie Sachsen-Anhalt. Als SPD-Mitglied steht er in der Tradition dieser Partei.

9 Pfarrer Uwe Holmer beherbergte vom 30. Januar bis zum 3. April 1990 Margot und Erich Honecker im Pfarrhaus in Lobetal.

17. September

Gestern war ein dramatischer Tag. Nachdem die Deutsche Bundesbank den Leitzins um 0,5 Prozent erhöht hat, was ein Signal zur Wende in der Zinspolitik darstellte, ist im europäischen Währungshaus großes Durcheinander eingetreten. Und aus Paris kam eine schlechte Meldung. François Mitterrand[1] hat eine Operation an der Prostata hinter sich. Jetzt meldet man etwas von Krebs. Die DDR war ja besonders mit Frankreich und Mitterrand verbunden. Sein möglicher Abgang von der Bühne – welche Folgen es haben wird – schwer von hier zu sagen. Jedenfalls, so scheint mir, ist sein Rücktritt in den Bereich der Möglichkeiten gerückt.

Aber Deutschland ist ja jetzt das große Deutschland, das er immer verhindern wollte. Ich habe die Befürchtung, es wird so werden, wie ich das bereits 1990 geschrieben habe. Die neonazistischen Ausschreitungen gegen Ausländer, Juden und Kommunisten werden zu einem weiteren Abbau der Demokratie führen. Die »wehrhafte Demokratie« führt zum Ausbau des Polizeistaates.

Von Dir, meine Liebe, kommt keine Nachricht. Die Rechtsanwälte[2] kriegen keine Telefonverbindung. Dein letzter Brief war vom 27. August. Robis Post ist bis jetzt auch noch nicht angekommen. Ich werde weiter warten müssen.

Die blöde Krankheit beschäftigt mich doch mehr, als ich mir anmerken lassen will. Es ist ein Warten auf den Tod, der nach den Erklärungen, die man mir gab, mit großem Schmerz kommen soll. Ja, an was soll man da noch denken? An einen guten Abgang für die Nachwelt? Der ist natürlich nötig, da zu viele schon über Jahre bestrebt sind, mich zu verleumden und schlechtzumachen und meine Arbeit herabzuwürdigen. Deshalb ist es wichtig, wenn es zum Prozess kommt, dass ich dort meine Position klarmache. Das wird vermutlich meine letzte Arbeit sein.[3]

Die Staatsanwaltschaft vermittelt ein Gruselbild von mir. Der Lebenslauf – völlig entstellt – wird ausgerichtet auf eine Diffamierungskampagne. Ohne meine Rechtsanwälte würde ich manches nicht verstehen. Becker meinte, manches müsse ich nicht so ernst nehmen. Ich nehme diese Hetz- und Verleumdungskampagne jedoch ernst, jedes Wort, sie geht nicht nur gegen mich.

Außerdem lesen sie wenig von dem, was ich für sie schon geschrieben habe. Ich habe gesagt, dass man die Verbindung zwischen der DDR und meiner Person sehen müsse. Man zielt auf mich, meint aber die DDR. Ich nehme das politisch, die Anwälte verteidigen mich als Person.

Ich versuchte ja schon in Beelitz, die Anwälte gegen die Verleumdungskampagne einzusetzen, was damals nicht gelungen ist. Ein Dr. Kaul[4] fehlt mir und auch uns.

Soeben kommt die Meldung über die Ergebnisse der Krisensitzung der Währungshüter. Alles ist durcheinander. Das Wort Krise haben sie selbst benutzt. Ist also keine Erfindung von mir. Großbritannien und Italien sind aus dem Währungssystem ausgeschieden, sieben Prozent Abwertung bisher, Pfund und Lira im freien Fall. Abwertungen auch in Spanien und Portugal. Man wird sehen, wie sie die Krise bereinigen. Das wird sicherlich alles auf den Schultern der Massen, des Wahlvolks abgeladen werden. Die Kleinen werden für die Großen zahlen und bluten müssen. So war es schon immer. Und nun gilt das auch für die Menschen in der Ex-DDR.

Der »große Reformator« war gestern hier in Berlin. Die Berliner unterließen es, ihm zu danken für Arbeitslosigkeit, Mietenexplosion, Perspektivlosigkeit. Er sieht sich als eine Art Nachfolger von Willy Brandt. Was er nicht ist. Er ist ein großer Lügner. Eigentlich heißt es, sie lieben den Verrat, nicht aber den Verräter. Aber das scheint bei ihm nicht zu gelten.

Einmal hat mir Herbert Wehner gesagt: »Werde nie ein Renegat.« Ich habe ihn damals nicht verstanden, dachte, er bezieht das auf sich, weil er als ehemaliger Kommunist[5] immer wieder wegen seiner Vergangenheit von den Konservativen angegriffen wurde. Aber je länger ich darüber nachdenke, könnte er es auch anders gemeint haben, etwa in dem Sinne, nicht weich zu werden und die Fahne zu wechseln.

1984 war Gorbatschow im Kreml der schärfste Sprecher gegen die DDR und gegen meinen geplanten Besuch in der BRD. Er wollte sich wohl nicht den Preis für die DDR vorschreiben lassen. Um etwas anderes ging es ihm nicht. Sie alle haben gesehen, dass die Sowjetmacht zerfällt, die kleine DDR konnte die Entwicklung nicht aufhalten. Sie sollte zum Blutspender für einen Patienten werden, bei dem andere bereits die Todesspritze angesetzt hatten.[6]

Ich sehe durchaus Möglichkeiten, die Konterrevolution in Deutschland an einem totalen Durchmarsch zu hindern. Es gibt eine sozialistische Basis im Denken vieler Menschen. Wir haben mit der DDR gezeigt, dass Sozialismus möglich ist. Das wird bleiben.

1973: Herbert Wehner (l.), Vorsitzender der SPD-Fraktion, und Wolfgang Mischnick, FDP-Fraktionschef im Bundestag, bei Honecker. Wehner anschließend vor der Fraktion: »Ich habe mit einem gestandenen Mann gesprochen.«

Das Wohnungsproblem als soziale Frage wäre 1990/91 gelöst gewesen. Arbeitsstellen gab es für alle. Die medizinische Betreuung war gut, die Versorgung der Bevölkerung mit Waren und Dienstleistungen auf dem besten Weg … Es gab kein sozialistisches Land, das so vorwärtskam – trotz der hohen Tributzahlungen an die Sowjetunion – ein Rubel wurde bis 1981 mit 14 Mark verrechnet, 1989 betrug der Koeffizient ein Rubel zu 7 bis 12 Mark. Ein sowjetischer General bei der GSSD bekam bis 1.000 Rubel im Monat, er kostete uns also 7.000 bis 12.000 Mark. Ein Minister der DDR erhielt nur 3.500 Mark. Gegen die Stationierungskosten konnte man nichts sagen. Gorbatschow setzte sie nicht herunter. Im Gegenteil.

Mit der Wismut[7] hat die DDR 30 bis 50 Milliarden Verlust gemacht. Die Eisenbahn blutete durch die Demontage des zweiten Gleises. Die Umstellung der Produktion zur Bedienung der Reparationsforderungen kostete Unsummen.[8]

Irgendwie haben wir uns mit Chruschtschow, Breshnew, Andropow und Tschernenko immer einigen können. Mit den Verrätern der Sowjetmacht ging es nicht. Sie haben sich an den Westen verkauft.

Ich sage: Ruhm und Ehre den Befreiern Europas aus der faschistischen Barbarei. Ohne die Sowjetvölker und ihre Rote Armee, ohne Stalin wäre die Welt in der Tyrannei der Hitlerbanden zugrunde gegangen. Das ist das eine, das andere ist der Umgang mit uns.

Heute ist es klar: Ohne den Marxismus wäre die Welt ärmer. Er bietet einen Ausweg aus der allgemeinen Krise des Kapitalismus. Ich will nicht auf China verweisen. Was sich dort gegenwärtig vollzieht, ist in vielem unklar. Wohin die Entwicklung gehen wird, wissen die Chinesen vielleicht nicht einmal selbst. Aber es sieht so aus, als bleiben sie bei Marx.

Gestern hat Gorbatschow Berlin mit seiner Anwesenheit beglückt. Von seinem Auftreten im Reichstag habe ich nicht viel mitbekommen. Erst recht nicht, ob ihn jemand gefragt hat, warum er die DDR und Honecker an den Westen ausgeliefert hat. Er habe, so zur *Berliner Zeitung*, »schon immer bekannt, dass der Kommunismus keine Zukunft hat«. Härter geht es nicht mehr. Geschenkt, dass er, wie er sagte, die DDR zweimal verkaufen würde.

Die DDR hat jährlich 300.000 bis 400.000 Tonnen Kartoffeln, fein ausgesucht, geliefert, und 1985, als Leningrad hungerte, haben wir zusätzliche Mengen geliefert. Für Gorbatschow war das selbstverständlich. Er brachte es nicht fertig, sich dafür zu bedanken. Unfähig auch, dafür zu sorgen, dass in der Sowjetunion ausreichend Kartoffeln und Getreide angebaut und geerntet wurden.

Nun, meine liebe Margot, ich muss jetzt aufhören zu schreiben. Ich fürchte, dass Du meine Schrift nicht lesen kannst, deshalb für heute Schluss.[9]

Anmerkungen

1 Francois Mitterrand (1916-1996) war von 1981 bis 1995 französischer Staatspräsident. Erich Honecker traf mit ihm bei seinem Staatsbesuch in Paris 1988 zusammen. Der Gegenbesuch in der DDR erfolgte im Dezember 1989. Frankreich war das einzige Land der drei westlichen Siegermächte, das Honecker einlud. Nächst der BRD war Frankreich der wichtigste westliche Handelspartner mit jährlich etwa 15 Milliarden DM. Die persönliche Affinität zu Mitterrand rührte wohl aus der Tatsache, dass dieser 1941 aus deutscher Haft in Thüringen floh und in der Résistance aktiven Widerstand leistete. Honeckers Vermutung trat nicht ein, Mitterand beendete seine Wahlperiode und schied planmäßig aus dem Amt. Wie später bekannt wurde, war er bereits bei Amtsantritt an Prostatakrebs erkrankt, was er aber vor der Öffentlichkeit geheim hielt. Seine Ärzte hatten ihm 1981 eine Lebenserwartung von drei Jahren gegeben. Ihm wird die Aussage zugeschrieben: »Ich war der letzte französische Präsident, nach mir werden nur noch von Europa dirigierte Administratoren und Finanziers kommen.«

2 Die Rechtsanwälte erhielten an diesem 17. September die Abschrift eines Schreibens des Landgerichts an die JVA Moabit, in dem der Anstalt mitgeteilt wurde: »Der oben genannte Untersuchungsgefangene hat hier um die Einbringung a) eines Radiogerätes mit Kassettenteil, b) einer Schreibmaschine gebeten. Hiergegen bestehen keine Bedenken. Es kann entsprechend verfahren werden, sofern die Geräte die für den Betrieb in einer Haftanstalt üblichen Voraussetzungen erfüllen. Kassettenteil ohne Mikrofonaufnahme!« Auch Telefonate mit seiner Frau in Chile und sei-

ner Tochter in Berlin wurden ihm genehmigt. Honecker begann, nachdem er eine Schreibmaschine erhalten hatte, seine persönliche Erklärung niederzuschreiben, wie Friedrich Wolff berichtete.

3 Rechtsanwalt Friedrich Wolff: »Wochentags besuchten wir fast täglich unseren Mandanten im Haftkrankenhaus. Wir besprachen mit ihm unsere Anträge, machten ihm Mitteilung von unseren täglichen mehr oder weniger bedeutenden Medienkontakten, besprachen mit ihm unterschiedliche Anfragen, die über uns von verschiedenen Personen an ihn gerichtet wurden, darunter Besucherwünsche, die Richter Bräutigam alle über mich leitete. Das war nicht der angenehmste Teil meiner Aufgaben als Verteidiger. Erich Honecker seinerseits hatte auch das Bedürfnis, sich auszusprechen, einfach nur reden mit einem Vertrauten. Er sprach, natürlich, auch von seinem Leiden und den sich daraus ergebenden Konsequenzen. Das Notwendigste jedoch veranlasste er. Vor allem aber sprach er über seine Sicht auf Personen und Ereignisse. Herb urteilte er über manchen seiner Genossen aus dem Politbüro. […] Nicht alles, was Erich Honecker mitteilte, war mir verständlich. Oft setzte er Insiderwissen voraus, das ich nicht besaß, und nachfragen mochte ich nicht. Ich wollte ihn nicht ausforschen, so sehr es mich auch reizte zu erfahren, was er über die Entwicklung dachte, die zum Untergang der DDR geführt hatte.«

4 Friedrich Karl Kaul (1906-1981), Rechtsanwalt, Kommunist, Jude, KZ-Häftling und Emigrant, vertrat in den 50er Jahren die KPD im Verbotsverfahren vor dem Bundesverfassungsgericht, war Nebenkläger in den Frankfurter Auschwitzprozessen und im Treblinka-Verfahren usw. Er war das, was man im Westen als Staranwalt bezeichnete, was aber nicht die Popularität des Originals FKK erklärte. Er besaß Berliner Schnoddrigkeit, Witz, großes Fachwissen und einen festen politischen Standpunkt, von dem aus er in jedem Verfahren agierte.

5 Herbert Wehner (1906-1990) schloss sich 1927 der KPD an, wurde im Exil ZK-Mitglied, in den 40er Jahren, in schwedischer Haft, wurde er unter dem Vorwurf, sich einem Parteiauftrag entzogen zu haben, aus der KPD ausgeschlossen. Obgleich er die SPD zum Bekenntnis zu Westintegration, Marktwirtschaft und Bundeswehr (Godesberger Programm) brachte und als Fraktionschef im Bundestag in den 70er Jahren mit dem Parteivorsitzenden Brandt und Kanzler Schmidt eine Troika bildete, haftete ihm der Ruf des »Kommunisten« an. Es war das gleiche Totschlagargument wie später bei anderen die Vorhaltung »Stasi«.

6 Damit meint Honecker insbesondere die Hoch- und Überrüstung, zu der sich die Sowjetunion hatte treiben lassen. Im Unterschied zur USA mit anderen wirtschaftlichen Potenzen, konnte sie den Rüstungswettlauf nicht gewinnen, die Strategie Washingtons, Moskau zu Tode zu rüsten, ging auf.

7 Die Wismut firmierte zunächst als sowjetische (SAG), ab 1954 als sowjetisch-deutsche Aktiengesellschaft (SDAG) und war zwischen 1946 und 1990 der weltweit drittgrößte Uranproduzent der Welt. Die DDR

musste 50 Prozent der Aktien für eine Milliarde Mark übernehmen und bezahlen. Mit »Verlust«, den Honecker mit 30 bis 50 Milliarden Mark beziffert, meint er die Zuschüsse, die die DDR in den laufenden Betrieb des Unternehmens steckte, welche nicht von der Sowjetunion übernommen und auch nicht von deren Zahlungen für die Uranimporte gedeckt wurden.

8 Auf der Potsdamer Konferenz wurden die Reparationszahlungen festgelegt, wobei gesagt wurde, dass sich die Besatzungsmächte aus ihren eigenen Zonen bedienen sollten. Da es in der sowjetisch besetzten Zone keine Montanindustrie gab und die UdSSR am stärksten im Hitlerkrieg gelitten hatte, wurden Lieferungen an Kohle und Stahl aus den Westzonen vereinbart. Im Zuge des Kalten Krieges stellten die Westzonen diese Lieferung ein, weshalb die Ostzone, später die DDR, diese Forderungen der Sowjetunion bedienen musste. Zudem war man dort insbesondere an Schiffen, Eisenbahnwaggons, Kunstdünger etc. interessiert, was zur Folge hatte, dass die DDR genötigt wurde, eine entsprechende Grundstoffindustrie aufzubauen. Diese existierte, organisch gewachsen, im Westteil Deutschlands. Das erklärt zum Teil, dass Stahlwerke, Werften und Chemiebetriebe im Osten nach 1990 überflüssig waren.

9 Honeckers ohnehin nur schwer lesbare Handschrift wurde im Verlauf der Krankheit immer fahriger und unleserlicher. Am unruhigen Schriftbild lassen sich die physischen Schmerzen ablesen, von denen der Schreiber gequält wurde. Dies aber wird auch aus den Gedankensprüngen und Formulierungen sichtbar.

18. September

Die nun zutage getretene Krise des europäischen Währungssystems enthüllt mit einem Schlag die Labilität der mit dem Anschluss der DDR an die BRD veränderten Kräfteverhältnisse in Europa. Die Monopolwirtschaft kommt an ihre Grenzen: Sie kann Angebot und Nachfrage steuern, künstlich Umrechnungskurse festlegen, aber das geht nur, solange genug Geld verfügbar ist. Und werfen sie die nationalen Notenpressen an, um Geld zu drucken, beschleunigt das die Inflation.

Die Bosse in den international handelnden Konzernen und Banken entscheiden über Ländergrenzen hinweg über die ökonomische und soziale Entwicklung von Staaten. Die Bundesbank hat durch ihre Zinsmanipulation den Wirrwarr an der Währungsfront ausgelöst.[1] Im Großen und Ganzen geht es doch bei allem darum, im Interesse des hohen Profits das Anspruchsdenken der Massen zu drosseln, um die Kosten, die Lohnkosten, in der Wirtschaft zu senken und damit die Profitrate in den einzelnen Wirtschaftszweigen zu erhöhen. Für Deutschland hat Herr Möllemann[2] die Richtung vorgegeben: runter mit den Kosten – hoch mit den Profiten. Das sei notwendig, um ein richtiges Verhältnis von Lohn und Preis – ich würde noch hinzufügen: und Profit – herzustellen.

Es ist interessant, wie in dieser Lage die Sozialdemokraten reagieren. Sie schwenken wie immer, wenn es für die Bourgeoisie schwierig wird, in die vorgeschlagene Richtung ein, sowohl in der Politik als auch in der Ökonomie. So war es 1929-1933, so war es zu Beginn des Ersten Weltkrieges. 1933 glaubte die Bourgeoisie, ohne die Sozialdemokraten auszukommen. Wie jetzt. Die Riesenprofite, die dem Industrie- und Finanzkapital durch den Anschluss der DDR zufloss, durch die Eroberung des Marktes bei gleichzeitiger Ausschaltung dieser Konkurrenz, indem die Industriepotenziale vernichtet wurden, machten die SPD in dieser Phase überflüssig. Sie wird erst wieder als politischer Faktor gebraucht, wenn sich die Ertragslage verschlechtert. Wenn sichtbar wird, dass die Eroberung der Absatzmärkte bis zum Stillen Ozean zu Verdauungsstörungen führt, weil sich der Imperialismus überfressen hat. Das ist sehr wahrscheinlich. Denn die Kaufkraft der Massen nimmt in allen Ländern durch die Senkung des Reallohns und die Massenarbeitslosigkeit ab.

Auch die deutsche Bourgeoisie wird auf Dauer den hohen Stundenlohn in der BRD nicht halten können, der ja zur Verschleierung der Profite dient. Herr Waigel[3] lügt, dass sich die Balken biegen, doch in den Reihen der Arbeiter und Angestellten bemerkt man das noch nicht. Der Westen schickt die D-Mark nicht als Almosen in den Osten, sondern der Westen stößt sich damit gesund. Der angebliche Aufschwung Ost ist in Wahrheit ein Aufschwung West, ein Konjunkturprogramm auf dem Rücken der Ossis.

Fragt auch nur einer, warum die arme DDR mit ihrer Kommando-Wirtschaft sich Kinderkrippen, Ferienlager, Kultur, Bildung etc. leistete, aber die reiche BRD nicht und im sozialen Bereich zunehmend Abstriche macht? Hat das nichts mit dem Charakter der Gesellschaft zu tun?

Anmerkungen

1 In Frankreich wurde am 20. September über das Maastricht-Abkommen vom 7. Februar 1992 abgestimmt. Dieser Vertrag hatte aus der Europäischen Gemeinschaft (EG) die Europäische Union (EU) gemacht. Die Bundesbank wollte in gewisser Weise die Stimmung pro Europa in Frankreich heben, indem sie das Geld verknappte, indem sie die Zinsen anhob. Damit sollte die Geldentwertung bekämpft werden und die EU als Hort wirtschaftlicher Stabilität erscheinen. Im Kern aber ging es darum, die DM als eine Art europäischer Leitwährung zu etablieren, ehe in zehn Jahren eine gemeinsame europäische Währung eingeführt werden würde. Eine stabile, hochbewertete DM machte sie interessant für

Anleger. »Sie steigen aus anderen Währungen aus und kaufen sich in Deutschland ein. ›The mighty Mark‹ (*Newsweek*) zeigt wieder einmal Zähne. Deutschland und seine Währung beherrschen Europa« schrieb der *Spiegel* am 7. September 1992. »Sie alle beugen sich dem Diktat der Bundesbank.«

2 Jürgen Möllemann (1945-2003), seit 1991 FDP-Bundeswirtschaftsminister und seit Mai 1992 auch Vizekanzler im Kabinett Kohl

3 Theo Waigel, von 1989 bis 1998 Bundesfinanzminister und von 1988 bis 1999 CSU-Vorsitzender. Als Finanzminister war er oberster Dienstherr der Treuhandanstalt und damit maßgeblich an der Zerschlagung der DDR-Wirtschaft beteiligt.

4. Oktober

Wie man sieht, habe ich eine ganze Zeit keine Notizen gemacht. Ich konnte nicht. Alles fiel mir mit der Zeit so schwer, auch ist alles so unbestimmt. Post – ja, mit der habe ich mich beschäftigt. Viele Briefe habe ich beantwortet, mehr als mein Geld es erlaubte. Aber mit dem, was ich in diesen Tagen hörte, womit ich mich abfinden muss, das ist – bei aller Gefasstheit – keine Kleinigkeit.[1] Meine Zukunft ist also schon klar bestimmt durch das, was in meiner Leber wächst.

Ich habe eine große Wut auf das ganze Theater.

Die Begründung des Haftbefehls regt mich nicht mehr auf. Ich habe das gewusst. Das ist auf diesem Gebiet so wie mein Verhältnis zur alten und zur neuen BRD: Ich habe damit nichts mehr zu tun.

Sie treiben die Hetzjagd immer weiter, je größer die Schwierigkeiten werden. Monat für Monat gehen mehr Arbeitsplätze verloren als neue dazukommen. Und die SPD? Sie hält es jetzt mit der CDU. Alle haben offensichtlich Angst, dass ihnen die Dinge über den Kopf wachsen. Gestern war in Schwerin Theater[2]. Man spürte den Katzenjammer, nichts mehr mit Siegesfeier. Vom Feiern hat offensichtlich das In- und Ausland genug. Mich freute, wie Jungs und Mädels die DDR bei den Gegendemonstrationen verteidigten. Nach dem Krieg inszenierte Gustav von Wangenheim »Wir heißen euch hoffen«[3], daran musste ich bei den Bildern denken. Es gibt Hoffnung für die Zukunft.

Ansonsten muss man noch viel lernen – um eine Kraft zu werden, die weltweit gegen den Imperialismus protestiert. Dafür fehlt noch die Erfahrung und die entsprechende Organisation, die Bereitschaft zu kämpfen ist jedenfalls da. Wird schon werden.

Anmerkungen

1 Am 2. Oktober erfuhr Rechtsanwalt Friedrich Wolff von Honecker, dass bei einer neuerlichen Untersuchung durch den Chefarzt des Haftkrankenhaus Rex ein unerwartet schnelles Wachstum des Tumors diagnostiziert wurde. Der Umfang betrug inzwischen sieben Zentimeter. Wolff ging nunmehr von einem Ende des Verfahrens aus und informierte am selben Tag Margot Honecker in Chile. »Sofort tauchten praktische Fragen auf: Wohin sollte der Todkranke gehen, nach Chile oder nach Korea? Er zog weiter Korea vor.«
2 Gemeint sind die zentralen Feierlichkeiten zum Tag der deutschen Einheit am 3. Oktober.
3 Das Stück von Fred Denger (1920-1983) wurde 1946 am Deutschen Theater uraufgeführt, man nannte das Trümmerliteratur. Honecker wird das Theaterstück in seiner Eigenschaft als FDJ-Vorsitzender gesehen haben, nicht nur der optimistische Titel blieb haften.

26. Oktober

Liebe Margot, wie Du siehst, habe ich schon lange nichts mehr in die Blätter eingetragen. Das hängt mit der ganzen Entwicklung, nein, ich möchte sagen: mit dem ganzen Theater zusammen, das sich seitdem hier abspielt.[1]

Es ist ein Skandal ohnegleichen, dass ein Staat, der sich in der ganzen Welt als Rechtsstaat vorstellt, als ein Staat, der die Humanität gepachtet hat, sich so zynisch einem Menschen gegenüber verhält, der nie das Bedürfnis hatte, Bürger der BRD zu werden. Die, wie Du schreibst, »öffentliche Hinrichtung« erlebe ich seit der Entdeckung dieser bösartigen Geschwulst. Es ist einfach nicht mehr auszuhalten, wie der Herr Richter[2] des Landgerichts den Gutachtern zusetzt, dass sie ihm einen Termin sagen, wann ich sterbe[3]. Das kann der beste Gutachter nicht.

Dass diese Geschwulst sich in kurzer Zeit, also je zwei Monate, von Mal zu Mal verdoppelt hat, dass sie, wie festgestellt wurde, aggressiv ist, spielt keine Rolle. Vor meinem Tode soll ich unbedingt noch von dieser Klassenjustiz, die sich, wie sich jetzt zeigt, nicht von der der Nazis unterscheidet, verurteilt werden. Die Anklage haben sie zusammengebastelt.[4]

Nichts von ihrer öffentlichen Propaganda seit 1990, von ihrer Vorverurteilung ist zutreffend. Es gibt weder den jahrelang behaupteten Schießbefehl noch irgendetwas anderes, was ihre Verleumdung stützen könnte. Dass an der Grenze geschossen wurde, war nichts Besonderes. An fast allen Grenzen wird geschossen, wenn diese verletzt werden. Es bestätigt sich wieder einmal, dass die Konterrevolution blutiger ist als die Revolution.

Die Menschen lassen sich von der Bourgeoisie einreden, wie viele Fehler der Sozialismus in der DDR hatte. Dass meine beiden Rechtsanwälte[5] in dieser Frage auch

Bauchschmerzen haben, scheint mir sicher. Ich habe nicht die Absicht, die beiden Rechtsanwälte zu bekehren, aber ihr Verhältnis zur DDR – das zeigt sich in dieser Frage deutlich – ist von Vorurteilen und Unwissenheit geprägt.

Es gibt hier Westberliner, ich staune, die haben sich mit der Mauer wohlgefühlt. Jetzt ist ihre Ruhe weg.

Ja, und dann zu unseren Künstlern und Wissenschaftlern. Also was der Reißig[6] im Fernsehen erzählt, das zeigt, dass die Akademie mit Otto Reinhold[7] zersetzt war, das war, Sonja soll mir nicht böse sein, ein Nest voller Feinde. Zu solchem Nachwuchs kann man ihm nachträglich nur gratulieren. Es war ein Fehler, ihn[8] mit der Aufgabe zu betrauen, ihm alle Verantwortung für dieses Gebiet zu überlassen.

Die Helden im Politbüro haben mit ihrem famosen Beschluss vom 8.11.1989 der Konterrevolution den Weg geöffnet.[9] Sag nicht, das seien die »Alten« gewesen, die »Jungen« waren vom gleichen Kaliber. Sie sind alle vor Gorbatschow, dem großen Reformer, auf die Knie gegangen, haben an EH kein gutes Wort gelassen und nahmen an, wenn der ins Gefängnis käme, sind ihnen vor Gott und Moskau alle Sünden vergeben.

Ich frage mich angesichts des Terrors, den die neuen Herren hier ausüben, wo wir Schuld auf uns geladen, wann wir dem Antifaschismus geschadet haben?

Du hast Recht, die ganze Selbstzerfleischung hilft nur jenen, die die Straße für den Neofaschismus freigeben wollen. Jetzt fehlt die Partei – sie ist nicht mehr da. Ja, es sind Tausende da, mehr als die Partei Lenins 1917 Mitglieder zählte. Es fehlt ihnen aber der Kopf, es fehlen Köpfe. Leider ist ein solcher nicht in der DDR geboren worden, meine Schuld, unsere Schuld.

Es heißt, 300, 400 oder 550 Milliarden, genau weiß man es nicht, müsse die Bundesrepublik aufbringen, um die Folgen der Misswirtschaft der SED zu beseitigen. 100 Milliarden hätten uns schon genügt, um aus der DDR ein Paradies für alle Werktätigen zu machen. – Natürlich ohne

Schürer und Schabowski und die anderen, die Kurs nahmen auf den Kapitalismus. Über Jahrzehnte hat Schürer der DDR geschadet, seine Rechnung kann man Punkt für Punkt widerlegen.[10]

Anmerkungen

1 Honecker arbeitete, seit er eine Schreibmaschine bewilligt bekommen hatte, an seiner Persönlichen Erklärung, die er im Prozess abgeben wollte. Dadurch vernachlässigte er das Tagebuch. Zwischenzeitlich gab es viele Ereignisse – von ihm summarisch »Theater« genannt –, auf die er nicht einging. Vermutlich hatte er sich darüber auch mit seiner Frau und mit seiner Tochter Erika ausgetauscht, mit denen zu telefonieren ihm seit September erlaubt war.
Am 5. Oktober entschied das Kammergericht abschlägig über die am 3. September eingelegte Beschwerde. Die Verteidiger hatten damals die Ablehnung der von ihnen verlangten Aufhebung des Haftbefehls moniert. Trotzdem hatten sie Hoffnung, ihren Mandanten aus dem Gefängnis zu bekommen, denn am 12. Oktober legte Prof. Schneider sein zweites Gutachten vor. Dort hieß es: »Eine Haftverschonung wäre aus ärztlichen Überlegungen zu begrüßen, sie könnte – nach dem, was zuvor gesagt worden ist – auch dazu führen, dass der Zustand der zumindest eingeschränkten Vernehmungs- und Verhandlungsfähigkeit noch länger als unter Haftbedingungen erhalten bliebe. [...] Aber auch unter diesen Bedingungen (Haftverschonung) dürfte eine zweijährige Verhandlungsdauer, wie ins Auge gefasst, kaum in Betracht kommen.«
Daraufhin beantragten Honeckers Anwälte am 15. Oktober beim Landgericht, »das Hauptverfahren gegen Herrn Honecker nicht zu eröffnen«. Am 23. Oktober jedoch eröffnete die 27. Strafkammer unter Vorsitz von Richter Hansgeorg Bräutigam das Verfahren gegen Honecker und andere. Von den ursprünglich 68 Anklagepunkten wurden nur 14 zum Gegenstand des Verfahrens gemacht, die übrigen wurden abgetrennt. Die vermutete Lebenszeit Honeckers ließ nicht mehr zu. Drei Tage später, am 26. Oktober, wurde ein neuer Haftbefehl verkündet. Friedrich Wolff: »Honecker war bei der Verkündung ungeduldig und erregt. Der Vorsitzende verbot ihm, sich mit Mielke zu unterhalten. Darauf bemerkte Honecker: ›Das ist ja schlimmer als beim Volksgerichtshof, da durfte ich mit Bruno Baum sprechen.‹«
2 Hansgeorg Bräutigam
3 Gutachter Schneider hatte erklärt, dass die Vernehmungs- und Verhandlungsfähigkeit von drei Stunden am Vormittag mit groß bemessenen Pausen bei zwei Verhandlungstagen pro Woche gegeben wäre, schränkte aber ein, dass »das Krankheitsbild insgesamt – und hier wird man das psychosomatische Krankheitsbild als Einheit aufzufassen haben – unter

Haftbedingungen sicher rascher fortschreiten dürfte, insbesondere unter Ausbildung einer depressiven Symptomatik.« Deshalb wäre aus ärztlicher Sicht eine Haftverschonung zu begrüßen.«

4 Die Hauptverhandlung sollte am 12. November planmäßig und unberührt von den medizinischen Gutachten erfolgen.

5 Becker und Ziegler

6 Rolf Reißig war von 1971 bis 1989 an der Akademie für Gesellschaftswissenschaften beim ZK der SED tätig, seit 1981 als Professor. Er war maßgeblich an der Erarbeitung des Positionspapiers von SED und SPD »Der Streit der Ideologien und die gemeinsame Sicherheit« beteiligt. Im November 1989 trat er die Nachfolge von Otto Reinhold als Rektor der Akademie für Gesellschaftswissenschaften an.

7 Otto Reinhold leitete von 1962 bis 1989 das Institut für Gesellschaftswissenschaften (seit 1976 Akademie für Gesellschaftswissenschaften).

8 Es ist nicht ersichtlich, wen Honecker damit meint: Reinhold oder Reißig. Tatsache ist, dass die Grundsatz-Gespräche zwischen SED und SPD, welche zwischen 1984 und 1989 auf Expertenebene – auf SED-Seite Vertreter der Akademie für Gesellschaftswissenschaften, auf SPD-Seite Mitglieder der Grundwertekommission – in sieben Runden erfolgten, auf beiden Seiten nicht unumstritten waren. Dies geht auch aus dem 2002 erschienenen Buch von Erich Hahn (»SED und SPD. Ein Dialog«, edition ost) hervor. Hahn leitete in den 70er und 80er Jahren das Institut für marxistisch-leninistische Philosophie an der Akademie und war Teilnehmer dieser Debatte. Im Unterschied zu Hahn relativierte Reißig nach 1990 schon bald die Bedeutung dieser Gespräche, an denen er einst beteiligt war, so am 19. September 1997 im *Neuen Deutschland* (»Die Mär von einer weisen SED-Führung«).

9 Gemeint ist offensichtlich die 10. Tagung des ZK der SED vom 8. bis 10. November 1989, auf der das Politbüro auf Druck der Parteibasis geschlossen zurücktrat. Bei der Wahl des neuen Politbüros erhielten Horst Dohlus, Günther Kleiber und Gerhard Müller das Vertrauen des ZK nicht mehr. Gewählt wurden: Achim Böhme, Werner Eberlein, Wolfgang Herger, Werner Jarowinsky, Heinz Kessler, Siegfried Lorenz, Hans Modrow, Wolfgang Rauchfuß, Gerhard Schürer, Johannes Chemnitzer, Inge Lange, Margarete Müller, Günter Sieber, Werner Walde, Hans-Joachim Willerding. Aufgrund von Forderungen der Parteibasis und der Bezirksleitungen schieden aus dem PB wieder aus: Hans-Joachim Böhme, Werner Walde, Johannes Chemnitzer und Inge Lange. Dies war nach Interpretation Honeckers die entscheidende Schwächung der SED-Führung. Das ZK, das diese Beschlüsse fasste, war auf dem XI. Parteitag 1986 gewählt worden, als Erich Honecker Generalsekretär war. Ihm gehörte auch Margot Honecker an.

10 Gerhard Schürer (1921-2010) war – in der Nachfolge von Erich Apel, der sich in seinem Dienstzimmer erschoss – von 1965 bis 1989 Vorsitzender der Staatlichen Plankommission und seit 1973 Kandidat des Politbüros. Mit seinem Namen verbunden ist eine Politbüro-Vorlage, die er im Auftrag des neuen SED-Generalsekretärs Krenz am 30. Oktober

1989 vorlegte. Darin hatte er die wirtschaftliche Lage der DDR dramatisch beschrieben. Wie die Bundesbank in ihrem Sonderbericht 1999 feststellte, betrug 1989 – unter Berücksichtigung aller Liquiditätsreserven – die Netto-Auslandsverschuldung der DDR tatsächlich 19,9 Milliarden Valutamark (VM), Schürer hatte zweieinhalb Mal so viel angegeben. Mit den Liquiditätsreserven von 29 Milliarden Valutamark waren jedoch 59 Prozent der Brutto-Verschuldung in den westlichen Ländern (NSW) durch Guthaben der DDR-Banken und Kredite gedeckt. Schürers Bericht löste sehr unterschiedliche Reaktionen aus. Bei den ZK-Mitgliedern, die am 10. Plenum teilnahmen, hätte Schüreres Bericht »Schock und Verwirrung« ausgelöst, schreibt Dr. Hermann Leihkauf, Mitglied der Staatlichen Plankommission. »Ohne dieses Pleiteszenarium wäre die feindliche Übernahme der DDR, die Zerschlagung ihrer Strukturen und ihrer Sicherheitsorgane sowie die Reprivatisierung der Wirtschaft mit Sicherheit nicht so widerstandslos verlaufen.« Klaus Blessing, Leiter der Abteilung Maschinenbau /Metallurgie im ZK der SED, macht in zwei Publikationen (»Die Schulden des Westens. Was hat die DDR zum Wohlstand der BRD beigetragen?« und »Der Osten hängt am Tropf«) deutlich, dass »einige der im Schürer-Material enthaltenen Aussagen nicht den Tatsachen entsprachen. Die Lage wurde dramatisiert dargestellt.« Und: »Den Schulden im NSW in Höhe von 19,9 Milliarden VM standen Guthaben im SW – umgerechnet auf gleiche Wertebasis – von 23,3 Milliarden VM gegenüber, wie abschließende Dokumente der Internationalen Bank für Wirtschaftliche Zusammenarbeit in Moskau belegen. Von diesen konnte die BRD beim Einkauf östlicher RGW-Länder in die EU übrigens vorzüglich profitieren. Mehrere Länder wurden durch großzügigen Schuldenerlass von DDR-Guthaben zum EU-Beitritt geködert.

Jedermann weiß, dass Guthaben im SW nicht mit Schulden im NSW zu verrechnen waren und dass die laufende Bedienung der Zahlungsverpflichtungen im NSW durchaus erhebliche Probleme bereitete. Aber Probleme haben oder zahlungsunfähig zu sein, sind unterschiedliche Dinge. Summa summarum hatte die DDR also einen weitgehend ausgeglichenen Außenhandelssaldo.«

4. November

Der Rundfunk brachte soeben die Meldung, dass das Landgericht den Antrag auf Haftentlassung abgelehnt hat.[1] Damit sind die Erwartungen meiner Rechtsanwälte wie Schnee in der Sonne zusammengeschmolzen.[2]

Du weißt, dass ich gegen ihre Absicht, ihre Hoffnung aufgetreten bin, auf diese Weise mich aus meinem Berlin, aus dem Land zu entfernen. Sie taten dies in guter Absicht, mit einem Sinn für das Recht. Aber damit hängt mein Schicksal ja schon seit langem, ich möchte sagen: seit März 1990[3], nicht mehr zusammen.

Auch die Haftverschonung ist vom Tisch, nachdem die Rechtsanwälte und ich klargestellt haben, dass weder Erika noch andere eine Unterkunft für mich haben. Diese müsste ich ja nachweisen.[4] Man hätte mich das wissen lassen sollen.

Nun – Schicksal nimm deinen Lauf, wie es im Nibelungenlied heißt. Jetzt heißt es nur zu kämpfen.

Es ist eine Erleichterung für mich zu wissen, dass Du jetzt materiell sichergestellt bist. Es war eine Spende. Die Quittung ist da. Das ist gut so. Ich gehe davon aus, dass du nach einiger Zeit zurückkommen kannst.

Meine Gedanken sind in dieser Stunde bei Dir, bei Euch. Ich nehme jetzt endgültig Abschied, auch Abschied von allen Illusionen. An das Unglück der Vergangenheit will ich nicht denken. – Grüß mir Robi und meine kleine Vivi.

Wenn Künstler glauben, Politik zu machen – das hat der Modrow im *ND* gut dargestellt. Sie haben eifrig geholfen, die DDR an die »Wessis« auszuliefern, jetzt sind sie enttäuscht.

1 Dieser neuerlich abgelehnte Antrag war aufgrund des Gutachtens des Onkologen Hans-Joerg Kirstaedter, Leiter der II. Inneren Abteilung am Krankenhaus Spandau, gestellt worden. Dieser hatte am 2. November der Strafkammer mitgeteilt, dass der Lebertumor inzwischen von 7,3 auf 8,5 Zentimeter angewachsen war. Anders als Kirstaedter, der Honecker dennoch für verhandlungsfähig hielt, sahen die Anwälte im beschleunigten Voranschreiten der tödlichen Erkrankung einen Haftentlassungsgrund. Kirstaedter »ist der Sachverständige, der Honecker bis zu Beginn der Hauptverhandlung nicht selbst untersucht, sondern sich lediglich die Befunde anderer Ärzte angesehen hat«, schreibt Gisela Friedrichsen im *Spiegel* am 16. November 1992. »Kirstaedter hält die Diagnose ›Krebsherd im rechten Leberlappen‹ für ›nicht absolut eindeutig‹. Er äußert sich unpräzise und widersprüchlich. Spekulationen, dass es vielleicht doch nicht so schlimm oder nicht so bald schlimm kommt, öffnet er Tür und Tor. Es ist Anfang Oktober, und der Tumor misst 7,3 Zentimeter im Durchmesser. Einen Monat später ist der Tumor bereits 8,5 Zentimeter groß. Bei einer Anhörung am 2. November erklärt Kirstaedter dem Vorsitzenden Richter Bräutigam, Abweichungen im Millimeterbereich seien nicht aussagekräftig, eine Vergrößerung um einen Zentimeter könnten der ›Tagesform‹ geschuldet sein. Schmerzen könne man mit Medikamenten relativ wirksam bekämpfen, ›von einer rasanten Wachstumsgeschwindigkeit‹ könne keine Rede sein.«

2 Auf die Ablehnung, am 4. November ergangen, reagierten Honeckers Verteidiger noch am selben Tage mit einer Presseerklärung. »Angesichts des gestrigen Urteils des Bundesgerichtshofs in dem zweiten Mauerschützenprozess, in dem die besondere Bedeutung der Menschenrechte hervorgehoben worden ist, ist diese gegen die Menschenwürde verstoßende Entscheidung besonders bedenklich.«

3 Am 18. März 1990 war eine neue Volkskammer gewählt worden, aus der die von Westparteien massiv unterstützte »Allianz für Deutschland« als Sieger hervorgegangen war.

4 Am 26. Oktober war der neue Haftbefehl verkündet worden. Daraufhin hatten die drei Verteidiger sich mit Honecker im Haftkrankenhaus verständigt. Honecker glaubte, so sein Verteidiger Wolff, »dass es günstiger wäre, wenn wir Haftverschonung beantragen und nicht den weitergehenden Antrag auf Aufhebung des Haftbefehls stellen würden.« Am Ende der Unterredung übergab ihm Honecker »den Entwurf seiner persönlichen Prozesserklärung, den er auf der Schreibmaschine getippt hatte«.

6. November

Heute war Herr Ziegler hier. Ich wusste nicht, was er eigentlich wollte. Zweifelte er am Rechtsstaat? Schwer zu sagen. Aufrichtigkeit? Das widerspricht wohl der Stellung eines Rechtsanwalts. So gibt es viele Fragen. Ich glaube, er weiß nicht, wie er mich einschätzen soll.

Wenn es um die Bundesrepublik geht, stößt er bei mir auf Widerstand. Der Bundesgerichtshof ist ein Gerichtshof des Kalten Krieges, er ist nicht für mich zuständig. Gesetze der Bundesrepublik sind auf Bürger der DDR nicht rückwirkend anwendbar. Auch im Nachhinein bin ich nicht bereit, den Alleinvertretungsanspruch der BRD zu akzeptieren.[1] Zu Zugeständnissen bin nicht bereit, ich werde vor der Anmaßung nicht kapitulieren.

Bin gespannt, wie das am 12. wird.[2]

Besuch von Gerhard und Gisela[3]. Habe beide fest umarmt. Sind doch prächtige Genossen. Bedauerlich, den körperlichen Verfall von Gerhard zu erleben. Gisela ist sehr hellwach. Sie freuten sich über die Reaktion der Fodorová.[4] Es sei gut, dass sie Jüdin ist: Das mache ihre Aussage unangreifbar, sagt sie.

15 Uhr kamen Erika[5] und Wolfgang[6]. Ich nahm sie beide in meine Arme. Wolfgang rief von hier Richter Bräutigam an, um die Gelegenheit zu nutzen. Sie lassen Dich alle grüßen.

Es ist schön, so viele Freunde zu haben. Bin bei Dir.

Soeben waren auch Edith und Manne[7] da. Es gab viel Neues. Edith ist eine kämpfende Seele, sie gefällt mir sehr. Sie ist wie Gerhards Gisela: Arbeiterfrau – Frau mit Charakter und Mut. Das ist viel wert, besonders heute. Sie wird nicht dem Druck nachgeben.

Es dürfte bald klar werden, dass sich die Leute im Osten nicht ewig unter dem Fallbeil »Stasi« beugen werden.[8]

Anmerkungen

1 Die Bundesrepublik als Rechtsnachfolger des Dritten Reiches reklamierte für sich, für alle Deutschen zu sprechen – auch für jene, die außerhalb der Staatsgrenzen der BRD lebten. Diese Rechtsauffassung und ihre Konsequenzen lehnte insbesondere die DDR ab. Aus diesem Grunde war es für Honecker auch nicht hinnehmbar, dass Gesetze, die bis 1989 in der BRD galten, nunmehr auch rückwirkend auf ehemalige DDR-Bürger angewandt wurden. Für sie galten – einschließlich für Erich Honecker – bis zum 2. Oktober 1990 die Gesetze der DDR und deren Verfassung.
2 Beginn der Hauptverhandlung
3 Gerhard und Gisela Rolack. Gerhard Rolack gehörte zu den Mitbegründern der FDJ und war seit den 40er Jahren mit Erich Honecker verbunden. Beide gehörten zu den Ersten, die die Honeckers in Lobetal und später in Beelitz besuchten. Rolack ist inzwischen verstorben, Gisela Rolack war später einmal besuchsweise in Chile bei Margot Honecker.
4 Siehe Anmerkungen vom 5. August
5 Erika Wildau, die Tochter aus erster Ehe
6 Rechtsanwalt Wolfgang Vogel (1925-2008), als deutsch-deutscher Unterhändler ein Vertrauter Erich Honeckers. Er hatte 1990, nach dessen Verhaftung in der DDR, dessen Verteidigung übernommen, nach dem Beitritt keine Zulassung als Anwalt beantragt und darum das Mandat niedergelegt. Seit 1992 wurde gegen ihn ermittelt wegen des Verdachts der Erpressung: Ehemalige DDR-Bürger, denen Vogel bei der Ausreise geholfen hatte, zeigten ihn an, er habe sie genötigt, ihre Häuser abzugeben. Nach neun Jahren sprach ihn der BGH frei, gegen etliche Zeugen ermittelte die Staatsanwaltschaft wegen Falschaussage.
7 Edith und Manfred Feist, Honeckers Schwager
8 Möglicherweise Replik auf die aktuelle Diskussion in den Medien im Vorfeld der Entscheidung über das Berliner Landes-Stasi-Unterlagengesetz, das am 20. November 1992 vom Berliner Abgeordnetenhaus beschlossen wurde.

12. November

Heute, am Donnerstag, 9.30 Uhr, begann der Prozess. Nach 45 Minuten war alles vorbei. Etwa zweihundert Journalisten drängelten sich vorm und im Saal. Die Anwälte hatten mich vor dem aufdringlichen Geschiebe gewarnt und mir einen Stapel Papiere gegeben, die ich studieren sollte, um nicht in die Kameras schauen zu müssen.[1] Mir war klar, dass sie schreiben würden, was sie schreiben mussten.[2]

Es waren auch viele Freunde und Genossen erschienen. Diese Solidarität ermutigte. Sie riefen, ich verstand aber nichts wegen der Journalisten mit den Kameras, die sich gegenseitig anbrüllten. Ich grüßte meine Genossen mit erhobener Faust, gab Erich Mielke und auch den anderen die Hand. Heinz Keßler, Fritz Streletz, Hans Albrecht. Stoph ist nicht da, nur sein Anwalt. Mit Erich wechsle ich ein paar Worte. Ich weiß nicht, ob er mich erkennt oder nur so tut.

Honecker mit Anwalt Friedrich Wolff, links Erich Mielke

Der Vorsitzende Richter wirkte beim Vortrag ein wenig aufgeregt. Ziegler schlug vor, einen Befangenheitsantrag[3] zu stellen. Er will ihn am Montag, am nächsten Verhandlungstag, stellen.

Anmerkungen

1 Nach der Presseerklärung der Anwälte und vor Beginn der Hauptverhandlung war das mediale Interesse neuerlich angeschwollen. Dabei stand Honeckers Gesundheitszustand im Zentrum. Die *SUPERillu* fragte an 5. November auf der Titelseite: »Honecker & Co: Der Prozess: Anklage Schießbefehl: Wird's die große Blamage?« *Bild* spekulierte am 8. November auf der ersten Seite: »Krankenakte beweist den nahenden Tod«. Neben der Ultraschall-Aufnahme vom 1. Oktober stand: »Das ist Honeckers Leber.«
Beim Prozessauftakt blickte Honecker nur in die Akten. Dennoch fanden die Reporter viel Berichtenswertes. Honecker habe sich »aufgeräumt« und in »guter Verfassung« gezeigt, was natürlich eine zweckdienliche Lüge war. Jeder sah ihm an, dass er todkrank war

2 Es gab, entgegen der begründeten Erwartung, auch nachdenkliche Beobachter. Erich Böhme schrieb in der *Berliner Zeitung* beispielsweise: »Es lebe der Unterschied. Am Montag dieser Woche erhob sich das politische Berlin im alten Reichstag von seinen Sitzen. Es galt, einen neuen Ehrenbürger der Bundeshauptstadt zu feiern. Michail Gorbatschow badete im Jubel der politischen Klasse. Am Donnerstag erhoben sich die Zuschauer und Prozessbeobachter im Kriminalgericht Moabit. Erich Honecker, ein alter Ehrenbürger der Hauptstadt der DDR, stand vor seinem irdischen Richter. [...] Und so geht die Geschichte zu Ende: Berlin hat einen neuen Ehrenbürger und Moabit einen neuen Häftling. Vergangenheitsaufarbeitung auf gut Deutsch: per Ehrenbürgerbrief und Anklageschrift.«

3 Der sechs Punkte umfassende Antrag auf Befangenheit wurde auf 30 Seiten begründet, die Ziegler in 70 Minuten vortrug. So hieß es eingangs: »Die abgelehnten Richter haben durch ihre Entscheidungen im Vorfeld der heutigen Hauptverhandlung wiederholt ihre fehlende Unvoreingenommenheit offenbart. Ihre Entscheidungen sind von dem Willen getragen, den Prozess gegen Herrn Honecker um jeden Preis zu führen. Das rechtsstaatliche Gebot der Achtung der Menschenwürde wird der Demonstration der Härte geopfert.
Mit ihren Entscheidungen zeigen die abgelehnten Richter, dass sie entschlossen sind, den Prozess im Wettlauf mit dem Tode von Herrn Honecker zu führen. Statt ihn – wie insbesondere von dem Sachverständigen Dr. Platz gefordert – in die Obhut seiner Familie zu entlassen, um ihm die einzige noch mögliche Therapie, nämlich die Betreuung durch seine nahen Angehörigen, zu ermöglichen, wird er in seinen letzten

Lebensmonaten vor Gericht gestellt und soll offensichtlich so bis zu seinem Tode Objekt eines mit großer medialer Beteiligung geführten Verfahrens sein. Objekt deshalb, weil auch die Richter wissen, dass Herrn Honecker schon jetzt die Kräfte fehlen, sich aktiv und umfassend zu verteidigen.

In einem Verfahren, in dem es nicht um irgendeinen kleinen begrenzten Vorwurf geht, sondern das eine ganze historische Epoche zum Gegenstand hat, in dem es eigentlich um die Legitimität der früheren DDR geht, sind an die Fähigkeit, sich aktiv und jederzeit angemessen zu verteidigen, enorme Anforderungen zu stellen. Diesen Anforderungen kräftemäßig und zeitlich zu genügen, ist dem Angeklagten aufgrund seines Gesundheitszustandes offensichtlich verwehrt. Das immer wieder auch von Seiten der Justiz in der Öffentlichkeit abgelegte Bekenntnis zum Rechtsstaat und das Versprechen, das insbesondere die Bundesregierung gegenüber der Republik Chile abgegeben hat, Herr Honecker werde ein rechtsstaatliches Verfahren erhalten, wird so nicht eingelöst.«

16. November

Der zweite Verhandlungstag. Der von meinen Verteidigern vorgetragene Befangenheitsantrag wurde abgewiesen. Ich habe das erwartet. Sie vermutlich auch.

Ein Anwalt der Nebenklage heißt Plöger, wie mir Rechtsanwalt Becker sagte. Ein Wichtigtuer. Das ist wirklich Theater. Aber Schmiere.[1]

Das ganze Hin und Her zwischen Richter, Staatsanwaltschaft, Verteidigern und Nebenklägern ermüdet, ich verstehe es auch nicht. Ich will es auch nicht verstehen. Nach zwei Stunden ist die Sitzung zu Ende. Ich bin ziemlich geschafft.[2]

Anmerkungen

1 Hanns-Ekkehard Plöger (1938-2005) vertrat die Nebenklägerin Irmgart Bittner, deren Sohn Michael 1986 an der Berliner Grenze starb. Plöger erklärte nach der Verhandlung gegenüber der Presse, dass er bezweifle, dass es sich bei dem Angeklagten um den leibhaftigen Honecker handele. Er vermute, dass es sich um ein Double handele. Die *Berliner Zeitung* zitierte ihn in ihrer Ausgabe am 19. November mit dem Satz, der »richtige« Honecker säße »in Chile bei seiner Margot«. An anderer Stelle meinte er, Honecker habe nicht Krebs, sondern einen Fuchsbandwurm.

2 Gisela Friedrichsen, die für den *Spiegel* im Saal 700 des Moabiter Kriminalgerichts dem Verfahren beiwohnt, meinte, dass die Fernsehbilder ein falsches Bild von Honecker zeigen würden, auch widerspricht sie Pressedarstellungen (»Todkrank wirkt er nicht, sondern gelöst, fast heiter, fast fit.«). Sie glaubt, dass sich Honecker konzentrierte, gleichsam eine Rolle spielte. »Wenn Linsen sich auf ihn richten, wenn Blitzlichter zucken, strafft sich Honeckers Gestalt«, schreibt sie am 16. November. »Haltung zeigen, nicht Mitleid wecken. Er lächelt, reicht die Hand, blättert in seiner Akte, als habe er einen Staatsvertrag zu unterzeichnen.«
Er überspiele die Schwäche, selbst wenn kalter Schweiß auf die bleiche Stirn tritt. Der Staatsratsvorsitzende sei nicht krank, nicht todgeweiht, schreibt Friedrichsen weiter. »Er hat Stärke und Sieghaftigkeit zu verkörpern. Vor den Kameras ist er für Minuten wieder der Vorsitzende des

Verteidigungsrats. Hier in Moabit, das ist ja gewissermaßen auch ein Verteidigungsrat. Im Publikum steigen einige Männer auf die Bank. Einer ruft: ›Erich!‹ Honecker steht sogleich auf, wendet sich zum Zuschauerraum. Seine Rechte greift zu dem Knopf, der das Jackett schließt. Er lächelt. Wo ist der Kamerad, der jetzt ›Rotfront!‹ schreit und die Faust hochreckt? Honecker erwidert die Geste. Er setzt sich dann, bleibt dem Publikum aber zugewandt, lächelnd mit den Augen um Solidarität heischend. Wie überhaupt dieses fast kindliche Lächeln, die hilflosen Bewegungen Wehrlosigkeit und Realitätsverlust signalisieren. Glaubt er sich tatsächlich von einer Welle der Zustimmung und Unterstützung getragen?«

24. November

Friedrich Wolff war da. Gestern fiel der Prozesstag aus, warum weiß ich nicht. Er soll nun am Donnerstag, dem 26. November, stattfinden.

Mit Dr. Wolff habe ich mein Testament[1] aufgesetzt.[2]

Anmerkungen

1 Möglicherweise lieferte den unmittelbaren Anlass die Lektüre eines Beitrages im *Spiegel* 47/1992, der in der Woche zuvor erschienen war. Dort war Prof. Eckard Gerstenberg vom Auguste-Viktoria-Krankenhaus in Berlin, ein Radiologe mit onkologischen Erfahrungen, zitiert worden. Gerstenberg beschäftigte sich wissenschaftlich mit der Biodynamik tumoröser Prozesse in Organen und hatte ein Gerät entwickelt, mit dem prognostische Aussagen möglich sind, wann eine solche Geschwulst dem Menschen den Tod bringt. »Gerstenberg sagt, die Lebensgrenze sei erreicht, wenn der Tumor ein Gewicht von einem Kilogramm erreicht habe. Ein Kilo – das entspricht einem Durchmesser von 12,5 Zentimetern. Bisher hat sich das Volumen der Krebsgeschwulst bei Honecker gleichmäßig alle zwei Monate verdoppelt. Das ist, wie es aussieht, eine Geschwindigkeit der höchsten Wachstumsstufe«, heißt es in diesem Text. »Wenn es so weitergeht, dann schlägt Honeckers letzte Stunde am 1. Juni 1993, sagt Gerstenberg, ›plus/minus 20 Prozent Wahrscheinlichkeit‹. Der Kranke weiß das. Er erfährt, was an ihm gemessen und in Lebenszeit umgerechnet wird. Der Wettlauf mit dem Tod ist in vollem Gang.«

2 Friedrich Wolff dazu: »Viel zu vererben hatte er nicht. Sein Vermögen bestand aus seinem gesperrten Sparkonto, nichts sonst, kein Auto, keine Liegenschaft, kein Schweizer Konto, keine Antiquitäten oder Gemälde. Diktatoren sorgen meist anders für sich. Selbst Demokraten sind – wie man hört – fürsorglicher aufs Erbe bedacht.«

26. November

Der vierte Verhandlungstag. Ich fühlte mich schlecht. Rechtsanwalt Becker beantragte, das Verfahren für vier Wochen auszusetzen. Die Anwälte wollten die ca. 13.000 Seiten Ermittlungsakten studieren. Sie hatten alles erst kurz vor Verhandlungsbeginn erhalten. Das ganze Hickhack um Verfahrensfragen ermüdet. Ich bat um 20 Minuten Pause. Die ich auch bekam. Dann ging es weiter.

Nach zweieinhalb Stunden konnte ich nicht mehr. Richter Bräutigam beendete die Sitzung und ordnete eine ärztliche Untersuchung an.[1]

Vor der Verhandlung übergab ich meinen Anwälten meine persönliche Erklärung. An ihr habe ich gearbeitet, seit ich in Moabit bin. Ich will wissen, ob sie damit einverstanden sind[2] und wann ich sie vortragen kann. Sie sagten, sobald die Anklage durch die Staatsanwaltschaft verlesen ist.

Anmerkungen

1 Die angekündigte erneute Untersuchung erfolgte am 1. Dezember. Im Ergebnis einer Sonographie wurde festgestellt, dass der Tumor in der Leber weiter gewachsen war. Der behandelnde Arzt im Haftkrankenhaus, Dr. Groß, wollte Honeckers Verteidigern vor der Unterrichtung der Strafkammer nicht den exakten Befund mitteilen, doch die Grundaussage ließ er sie wissen: »Im Vergleich zur Voruntersuchung am 30.10.92 hat der Lebertumor deutlich an Größe zugenommen.«

2 »Wir hatten an ihr nichts auszusetzen«, erinnert sich Verteidiger Wolff.

30. November

Oberstaatsanwalt Schaefgen trug in zwanzig Minuten eine Kurzfassung der Anklageschrift vor. Es waren die bereits bekannten Lügen und Unterstellungen.

Danach wurde ich aufgefordert, mich »zur Sache« zu äußern. Ich konnte es nicht. Ich wollte auch nicht. Meine Anwälte beantragten, dass ich am nächsten Verhandlungstag die Gelegenheit bekomme, eine Persönliche Erklärung abzugeben.

Nach der Sitzung waren die drei Verteidiger bei mir.

Sie sagten, dass mit der Verlesung der Anklage die Phase der Formalitäten abgeschlossen sei. Jetzt beginne eine neue Phase der Hauptverhandlung. Sie machten besorgte Gesichter.

Rechtsanwalt Wolff sagte jedoch, er rechne täglich mit der Einstellung des Verfahrens aus gesundheitlichen Gründen.

3. Dezember

Der Beginn des sechsten Prozesstages ist wie immer. Meine Anwälte stellen Anträge, sie werden abgelehnt wie die anderen, die sie schon früher gestellt hatten. Das übliche Gezerre. Dann erteilt mir Bräutigam das Wort.

Ich bin konzentriert wie selten. Spüre keine Schmerzen, keine Schwäche.

»Meine Damen und Herren, ich werde dieser Anklage und diesem Gerichtsverfahren nicht dadurch den Anschein des Rechts verleihen, dass ich mich gegen den offensichtlich unbegründeten Vorwurf des Totschlags verteidige.

Verteidigung erübrigt sich auch, weil ich Ihr Urteil nicht mehr erleben werde. Die Strafe, die Sie mir offensichtlich zudenken, wird mich nicht mehr erreichen. Das weiß heute jeder. Ein Prozess gegen mich ist schon aus diesem Grunde eine Farce. Er ist ein politisches Schauspiel.

Niemand in den alten Bundesländern, einschließlich der Frontstadt Westberlin, hat das Recht, meine Genossen Mitangeklagten, mich oder irgendeinen anderen Bürger der DDR wegen Handlungen anzuklagen oder gar zu verurteilen, die in Erfüllung staatlicher Aufgaben der DDR begangen worden sind.

Wenn ich hier spreche, so spreche ich allein, um Zeugnis abzulegen für die Ideen des Sozialismus, für eine gerechte politische und moralische Beurteilung der von mehr als einhundert Staaten völkerrechtlich anerkannten Deutschen Demokratischen Republik. Diese jetzt von der BRD als ›Unrechtsstaat‹ apostrophierte Republik war ein Mitglied des Weltsicherheitsrates, stellte zeitweise den Vorsitzenden dieses Rates und stellte auch einmal den Vorsitzenden der UN-Vollversammlung.

Die gerechte politische und moralische Beurteilung der DDR erwarte ich nicht von diesem Prozess und diesem

Gericht. Ich nehme jedoch die Gelegenheit dieses Politschauspiels wahr, um meinen Standpunkt meinen Mitbürgern zur Kenntnis zu geben.

Meine Situation in diesem Prozess ist nicht ungewöhnlich. Der Deutsche Rechtsstaat hat schon Karl Marx, August Bebel, Karl Liebknecht und viele andere Sozialisten und Kommunisten angeklagt und verurteilt. Das Dritte Reich hat dies mit den aus dem Rechtsstaat der Weimarer Republik übernommenen Richtern in vielen Prozessen fortgesetzt, von denen ich selbst einen als Angeklagter erlebt habe. Nach der Zerschlagung des deutschen Faschismus und des Hitlerstaates brauchte die BRD nicht nach neuen Staatsanwälten und Richtern zu suchen, um erneut Kommunisten massenhaft strafrechtlich zu verfolgen, ihnen mit Hilfe der Arbeitsgerichte Arbeit und Brot zu nehmen und sie mit Hilfe der Verwaltungsgerichte aus dem öffentlichen Dienst zu entfernen oder sie auf andere Weise zu verfolgen.

Nun geschieht uns das, was unseren Genossen in Westdeutschland schon in den 50er Jahren geschah.

Es ist seit ca. 190 Jahren immer die gleiche Willkür. Der Rechtsstaat BRD ist kein Staat des Rechts, sondern ein Staat der Rechten.

Für diesen Prozess wie für andere Prozesse, in denen andere DDR-Bürger wegen ihrer ›Systemnähe‹ vor Straf-, Arbeits-, Sozial- und Verwaltungsgerichten verfolgt werden, muss ein Argument herhalten. Die Politiker und Juristen sagen, wir müssen die Kommunisten verurteilen, weil wir die Nazis nicht verurteilt haben. Wir müssen diesmal die Vergangenheit aufarbeiten. Das leuchtet vielen ein, ist aber ein Scheinargument. Die Wahrheit ist, dass die westdeutsche Justiz die Nazis nicht bestrafen konnte, weil sich die Richter und Staatsanwälte nicht selbst bestrafen konnten. Die Wahrheit ist, dass die bundesdeutsche Justiz ihr derzeitiges Niveau, wie immer man das beurteilt, den übernommenen Nazis verdankt. Die Wahrheit ist, dass die Kommunisten, die DDR-Bürger heute aus den gleichen

Diplomatenpass Erich Honeckers, mit dem er die Staatsbesuche in den 70er und 80er Jahren absolvierte

Gründen verfolgt werden, aus denen sie in Deutschland schon immer verfolgt wurden. Nur in den 40 Jahren der Existenz der DDR war das umgekehrt. Dieses Versäumnis muss nun ›aufgearbeitet‹ werden. Das alles natürlich rechtsstaatlich. Mit Politik hat es nicht das Geringste zu tun. Die führenden Juristen dieses Landes, gleich ob Angehörige der Regierungsparteien oder der SPD, erklären beschwörend, unser Prozess sei ein ganz normales Strafverfahren und kein politischer Prozess. Man sperrt die Mitglieder eines der höchsten Staatsorgane des Nachbarstaates ein und sagt, das hat mit Politik nichts zu tun. Man wirft den Generälen eines gegnerischen Militärbündnisses militärische Entscheidungen vor und sagt, das hat mit Politik nichts zu tun. Man nennt die heute Verbrecher, die man gestern ehrenvoll als Staatsgäste und Partner in dem gemeinsamen Bemühen, dass nie wieder von deutschem Boden ein Krieg ausgeht, begrüßt hat. Auch das soll mit Politik nichts zu tun haben. Man klagt Kommunisten an, die, seit sie auf der politischen Bühne erschienen sind, immer verfolgt wurden, aber heute in der BRD hat das mit Politik nichts zu tun.

Für mich und, wie ich glaube, für jeden Unvoreingenommenen liegt auf der Hand: Dieser Prozess ist so politisch, wie ein Prozess nur sein kann. Wer das leugnet, der irrt nicht, sondern der lügt. Er lügt, um das Volk ein weiteres Mal zu betrügen. Mit diesem Prozess wird das getan, was man uns vorwirft. Man entledigt sich der politischen Gegner mit den Mitteln des Strafrechts, aber natürlich ganz rechtsstaatlich.

Auch andere Umstände lassen unübersehbar erkennen, dass mit dem Prozess politische Ziele verfolgt werden. Warum war der Bundeskanzler, war Herr Kinkel, der frühere Bundesgeheimdienstchef, spätere Justizminister, noch spätere Außenminister der BRD, so darauf aus, mich, koste es, was es wolle, nach Deutschland zurückzuholen und wieder nach Moabit zu bringen, wo ich schon einmal war?

Warum ließ mich der Bundeskanzler erst nach Moskau fliegen, um dann Moskau und Chile unter Druck zu setzen, mich entgegen jedem Völkerrecht auszuliefern?

Warum mussten russische Ärzte die richtige Diagnose, die sie auf Anhieb gestellt hatten, verfälschen?

Warum führt man mich und meine Genossen, denen es gesundheitlich nicht viel besser geht als mir, dem Volke vor, wie einst die römischen Cäsaren ihre gefangenen Gegner vorführten?

Ich weiß nicht, ob das alles rational zu erklären ist. Vielleicht bewahrheitet sich hier das alte Wort: Wen Gott vernichten will, den schlägt er zuvor mit Blindheit. Es ist doch wohl jedem klar, dass alle diejenigen Politiker, die sich einst um eine Audienz bei mir bemühten und die sich freuten, mich bei sich begrüßen zu dürfen, von diesem Prozess nicht unbeschadet bleiben.

Dass an der Mauer Menschen erschossen wurden, dass ich der Vorsitzende des Nationalen Verteidigungsrates, der Generalsekretär, der Vorsitzende des Staatsrates der DDR war, der für diese Mauer als höchster lebender Politiker die größte Verantwortung trug, wusste jedes Kind in Deutschland und darüber hinaus. Es gibt demnach nur zwei Möglichkeiten: Entweder haben die Herren Politiker der BRD bewusst, freiwillig und sogar begierig den Umgang mit einem Totschläger gesucht, oder sie lassen jetzt zu, dass Unschuldige des Totschlags bezichtigt werden.

Keine dieser beiden Möglichkeiten wird Ihnen zur Ehre gereichen. Eine dritte Möglichkeit gibt es nicht. Wer dieses Dilemma in Kauf nimmt, so oder so ein Mensch ohne Charakter zu sein, ist entweder blind oder verfolgt ein Ziel, das ihm mehr gilt als die Bewahrung seiner Ehre.

Nehmen wir an, dass weder Herr Kohl noch Herr Kinkel noch all die anderen Herren Ministerpräsidenten und Parteiführer der Bundesrepublik Deutschland blind sind (was ich dennoch nicht ausschließen kann), dann bleibt als politisches Ziel dieses Prozesses nur die Absicht, die DDR und damit den Sozialismus zu diskreditieren. Die Niederlage der DDR und des Sozialismus in Deutschland und in Europa allein genügt ihnen offenbar nicht. Es soll alles ausgerottet werden, was diese Epoche, in der Arbeiter und Bauern regierten, in einem anderen als furchtbarem, verbrecherischem Licht erscheinen lässt. Total sollen der Sieg der Marktwirtschaft (wie man den Kapitalismus heute euphemistisch nennt) und die Niederlage des Sozialismus sein. Man will, wie es Hitler einst vor Stalingrad sagte, ›dass dieser Feind sich nie mehr erheben wird‹. Die deutschen Kapitalisten hatten eben schon immer den Hang zum Totalen.

Dieses Ziel des Prozesses, den totgesagten Sozialismus noch einmal zu töten, offenbart, wie Herr Kohl, wie Regierung und Opposition der BRD die Lage einschätzen. Der Kapitalismus hat sich ökonomisch genauso todgesiegt, wie sich Hitler einst militärisch todgesiegt hat.

Der Kapitalismus ist weltweit in eine ausweglose Lage geraten. Er hat nur noch die Wahl zwischen dem Untergang in einem ökologischen und sozialen Chaos und der Aufgabe des Privateigentums an Produktionsmitteln, d. h. dem Sozialismus. Beides bedeutet sein Ende.

Nur der Sozialismus erscheint den Herrschenden der Bundesrepublik Deutschland offenbar als die akutere Gefahr. Dem soll dieser Prozess genauso vorbeugen wie der ganze Feldzug gegen das Andenken an die untergegangene DDR, wie deren Stigmatisierung als ›Unrechtsstaat‹.

Der unnatürliche Tod jedes Menschen in unserem Land hat uns immer bedrückt. Der Tod an der Mauer hat uns nicht nur menschlich betroffen, sondern auch politisch geschädigt.

Vor allen anderen trage ich die Hauptlast der politischen Verantwortung dafür, dass auf denjenigen, der die Grenze zwischen der DDR und der BRD, zwischen Warschauer Vertrag und NATO, ohne Genehmigung überschreiten wollte, unter den Bedingungen der Schusswaffengebrauchsbestimmung geschossen wurde. Das ist sicher eine schwere Verantwortung. Ich werde später noch darlegen, warum ich sie auf mich genommen habe. Hier, bei der Bestimmung des politischen Ziels dieses Prozesses, komme ich jedoch nicht umhin, auch festzustellen, mit welchen Mitteln das Prozessziel ›Verunglimpfung der DDR‹ erreicht werden soll. Dieses Mittel sind die Toten an der Mauer. Sie sollen und werden diesen Prozess wie schon vorangegangene Prozesse medienwirksam gestalten. Wir und vor allem Sie haben bereits erlebt, wie ohne Rücksicht auf Pietät und Anstand die Bilder der Toten vermarktet wurden. Damit soll Politik gemacht und Stimmung erzeugt werden. Jeder Tote wird so gebraucht, richtiger missbraucht, im Kampf der Unternehmer um den Erhalt ihres kapitalistischen Eigentums.

Denn um nichts anderes geht es bei dem Kampf gegen den Sozialismus.

Die Toten sollen die Unmenschlichkeit der DDR und des Sozialismus beweisen und von der Misere der Gegenwart und den Opfern der sozialen Marktwirtschaft ablenken. Das alles geschieht demokratisch, rechtsstaatlich, christlich, human und zum Wohle des deutschen Volkes. Armes Deutschland.

Nun zur Sache selbst.

Die Staatsanwälte der Frontstadt klagen uns als gemeine Kriminelle, als Totschläger an. Da wir nun offensichtlich keinen der 68 Menschen, deren Tod uns in der Anklage vorgeworfen wird, persönlich totgeschlagen haben, da wir auch deren Tötung ebenso offensichtlich nicht vorher befohlen oder sonst veranlasst haben, wirft mir die Anklage auf Seite 9 wörtlich vor: ›als Sekretär des NVR und Sekretär für Sicherheitsfragen beim Zentralkomitee der SED (angeordnet zu haben), die Grenzanlagen um Berlin (West) und die Sperranlagen zur Bundesrepublik Deutschland auszubauen, um ein Passieren unmöglich zu machen‹.

Ferner wirft mir die Anklage vor, in 17 Sitzungen des Nationalen Verteidigungsrates der DDR vom 29. November 1961 bis 1. Juli 1983 an Beschlüssen teilgenommen zu haben,

- weitere Drahtminensperren zu errichten (wobei das Wort ›weitere‹ erkennen lässt, dass die Streitkräfte der UdSSR vorher schon solche Sperren errichtet hatten),
- das Grenzsicherungssystem zu verbessern, die Schießausbildung der Grenzsoldaten zu verbessern,
- Grenzdurchbrüche nicht zuzulassen,
- am 3. Mai 1974 persönlich erklärt zu haben, von der Schusswaffe muss rücksichtslos Gebrauch gemacht werden,
- und dem Entwurf des am 1. Mai 1982 in Kraft getretenen Grenzgesetzes zugestimmt zu haben.

Die Vorwürfe gegen mich bzw. gegen uns richten sich also gegen Beschlüsse eines verfassungsmäßigen Organs der DDR. Gegenstand des Verfahrens ist somit die Politik der DDR, das Bemühen des Nationalen Verteidigungsrates, die DDR als Staat zu verteidigen und zu erhalten. Diese Politik soll durch dieses Verfahren kriminalisiert werden. Damit soll die DDR als ›Unrechtsstaat‹ gebrandmarkt und alle, die ihr dienten, zu Verbrechern gestempelt werden.

Die Verfolgung von Zehntausenden und unter Umständen Hunderttausenden DDR-Bürgern, von denen die

Staatsanwaltschaft jetzt schon spricht, ist das Ziel dieses Verfahrens, das durch ›Pilotverfahren‹ gegen Grenzsoldaten vorbereitet sowie von unzähligen, die DDR-Bürger diskriminierenden anderen Gerichtsverfahren vor Zivil-, Sozial-, Arbeits- und Verwaltungsgerichten und von zahlreichen Verwaltungsakten begleitet wird. Es geht also nicht um mich oder um uns, die wir in diesem Prozess angeklagt sind. Es geht um viel mehr. Es geht um die Zukunft Deutschlands, Europas, ja der Welt, die mit der Beendigung des Kalten Krieges, mit dem neuen Denken so glücklich zu beginnen schien.

Hier wird nicht nur der Kalte Krieg fortgesetzt, hier soll ein Grundstein für ein Europa der Reichen gelegt werden. Die Idee der sozialen Gerechtigkeit soll wieder einmal endgültig erstickt werden. Unsere Brandmarkung als Totschläger soll dazu ein Mittel sein.

Ich bin der Letzte, der gegen sittliche und rechtliche Maßstäbe zur Be- oder auch Verurteilung von Politikern ist. Nur müssen drei Voraussetzungen erfüllt sein: Die Maßstäbe müssen exakt vorher formuliert sein. Sie müs-

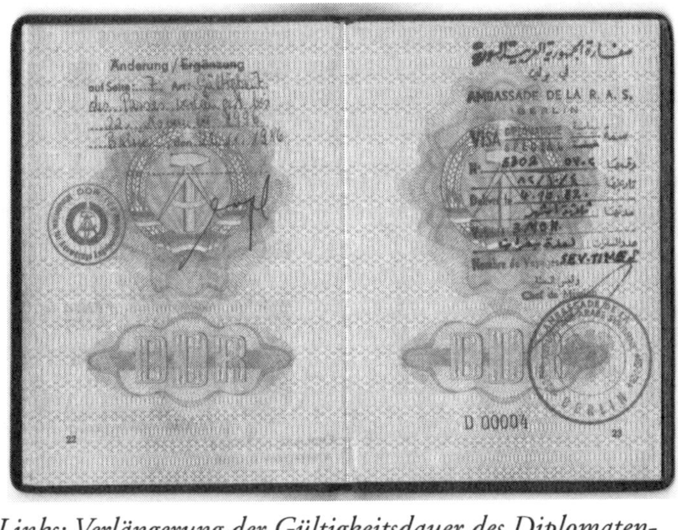

Links: Verlängerung der Gültigkeitsdauer des Diplomatenpasses bis 1996, rechts Einreisevisum nach Syrien, 1982

sen für alle Politiker gleichermaßen gelten. Ein überparteiliches Gericht, das weder mit Freunden noch Feinden der Angeklagten besetzt ist, muss entscheiden.

Mir scheint, dass alles dies einerseits selbstverständlich, andererseits aber in der heutigen Welt noch nicht machbar ist.

Wenn Sie heute dennoch über uns zu Gericht sitzen, so tun Sie das als Gericht der Sieger über uns Besiegte. Dies ist ein Ausdruck der realen Machtverhältnisse, aber nicht ein Akt, der irgendeinen Anspruch auf Geltung vor überpositivem Recht oder überhaupt Recht für sich beanspruchen kann. Das allein könnte schon genügen, um darzulegen, dass die Anklage ein Unrechtsakt ist. Doch da wir die Auseinandersetzung auch im Detail nicht scheuen, will ich im Einzelnen darlegen, was die Anklage, sei es aus böser Absicht, sei es aus Verblendung, nicht darlegt.

Wie bereits zitiert, beginnt die Anklage die chronologische Aufzählung aller Vorwürfe gegen uns mit den Sätzen:

›Am 12. August 1961 ordnete der Angeschuldigte Honecker als Sekretär des NVR und Sekretär für Sicherheitsfragen beim Zentralkomitee der SED an, die Grenzanlagen um Berlin (West) und die Sperranlagen zur Bundesrepublik Deutschland auszubauen, um ein Passieren unmöglich zu machen.‹

Diese historische Sicht der Dinge spricht für sich. Der Sekretär für Sicherheitsfragen des ZK der SED ordnete 1961 ein welthistorisches Ereignis an. Das übertrifft noch die Selbstironie der DDR-Bürger, die die DDR als die größte DDR der Welt bezeichneten. Wenn auch heute Enno von Loewenstern[1] die DDR zu einem ›großen Land‹ machen will, um den Sieg der BRD entsprechend gewichtiger darstellen zu können, so versucht doch nicht einmal dieser Rechtsaußen des politischen deutschen Journalismus die DDR zur Weltmacht hochzustilisieren. Das bleibt der ›objektivsten Behörde der Welt‹ vorbehalten.

Jeder macht sich vor der Geschichte so lächerlich, wie er will und kann.

Wahr ist, dass der Bau der Mauer auf einer Sitzung der Staaten des Warschauer Vertrages in Moskau beschlossen wurde. In diesem Bündnis sozialistischer Staaten war die DDR ein wichtiges Glied, aber nicht die Führungsmacht. Dies dürfte gerichtsbekannt sein und braucht wohl nicht bewiesen zu werden.

Da wir – wie ich schon sagte – offensichtlich niemand persönlich totgeschlagen noch den Totschlag eines Menschen unmittelbar befohlen haben, wird der Bau der Mauer, ihre Aufrechterhaltung und die Durchsetzung des Verbots, die DDR ohne staatliche Genehmigung zu verlassen, als Tötungshandlung angesehen. Mit Politik soll das alles nichts zu tun haben. Die deutsche Jurisprudenz macht das möglich.

Nur vor der Geschichte und dem gesunden Menschenverstand wird sie damit nicht bestehen. Sie wird nur ein weiteres Mal demonstrieren, wes Geistes Kind sie ist und wohin Deutschland zu gehen im Begriffe steht.

Wir alle, die wir in den Staaten des Warschauer Vertrages damals Verantwortung trugen, trafen diese politische Entscheidung gemeinsam. Ich sage das nicht, um mich zu entlasten und die Verantwortung auf andere abzuwälzen; ich sage es nur, weil es so und nicht anders war, und ich stehe dazu, dass diese Entscheidung damals, 1961, richtig war und richtig blieb, bis die Konfrontation zwischen den USA und der UdSSR beendet war.

Eben diese politische Entscheidung und die Überzeugungen, die ihr zugrunde liegen, sind der Gegenstand dieses Prozesses.

Man muss schon blind sein oder bewusst vor den Geschehnissen der Vergangenheit die Augen verschließen, um diesen Prozess nicht als politischen Prozess zu erkennen, um nicht zu erkennen, dass er eine politisch motivierte Entstellung der Geschichte bedeutet.

Wenn Sie diese politische Entscheidung für falsch halten und mir und meinen Genossen die Toten an der Mauer zum strafrechtlichen Vorwurf machen, dann sage ich Ihnen: Die Entscheidung, die Sie für richtig halten, hätte Tausende oder Millionen Tote zur Folge gehabt.

Das war und das ist meine Überzeugung und, wie ich annehme, auch die Überzeugung meiner Genossen. Wegen dieser politischen Überzeugung stehen wir hier vor Ihnen. Und wegen Ihrer andersartigen politischen Überzeugung werden Sie uns verurteilen.

Wie und warum es zum Bau der Mauer gekommen ist, interessiert die Staatsanwaltschaft nicht. Kein Wort steht darüber in der Anklage. Die Ursachen und Bedingungen werden unterschlagen, die Kette der historischen Ereignisse wird willkürlich zerrissen. Erich Honecker hat die Mauer gebaut und aufrechterhalten. Basta. So einfach vermag der bundesdeutsche Jurist die Geschichte zu sehen und darzustellen. Hauptsache, der Kommunist wird zum Kriminellen gestempelt und als solcher verurteilt.

Dabei kann doch jeder Deutsche wissen, wie es zur Mauer kam und warum dort geschossen wurde. Da die Anklage so tut, als sei es dem Sozialismus eigen, Mauern zu bauen und daran Menschen erschießen zu lassen, und als trügen solche ›verbrecherischen‹ Einzelpersonen wie ich und meine Genossen dafür die Verantwortung, muss ich, ohne Historiker zu sein, die Geschichte, die zur Mauer führte, rekapitulieren.

Der Ursprung liegt weit zurück. Er beginnt mit der Entstehung des Kapitalismus und des Proletariats. Der unmittelbare Beginn des Elends der deutschen Geschichte der Neuzeit ist das Jahr 1933. 1933 haben bekanntlich sehr viele Deutsche in freien Wahlen die NSDAP gewählt, und der Reichspräsident Hindenburg, der schon 1932 ebenfalls frei gewählt worden war, hat Adolf Hitler dann ganz demokratisch zum Reichskanzler berufen. Anschließend haben die politischen Vorläufer unserer etablierten Parteien mit Ausnahme der SPD dem Ermächtigungsgesetz zugestimmt, das Hitler diktatorische Vollmachten verlieh. Nur die Kommunisten hatten vor den Wahlen gesagt: ›Wer Hindenburg wählt, wählt Hitler, wer Hitler wählt, wählt den Krieg.‹

Bei der Abstimmung zum Ermächtigungsgesetz waren die kommunistischen Abgeordneten bereits aus dem Reichstag entfernt. Viele Kommunisten waren inhaftiert oder lebten illegal. Schon damals begann mit dem Verbot der Kommunisten der Untergang der Demokratie in Deutschland.

Kaum war Hitler Reichskanzler, erlebte Deutschland sein erstes Wirtschaftswunder. Die Arbeitslosigkeit wurde überwunden, die Anrechtsscheine auf Volkswagen wurden verkauft, die kochende Volksseele führte zur Vertreibung der Juden. Das deutsche Volk war in seiner Mehrheit glücklich und zufrieden.

Als der Zweite Weltkrieg ausgebrochen war und die Fanfaren die Siege in den Blitzkriegen gegen Polen, Norwegen, Dänemark, Belgien, Holland, Luxemburg, Frankreich, Jugoslawien und Griechenland vermeldeten, kannte die Begeisterung keine Grenzen. Die Herzen fast aller Deutschen schlugen für ihren Kanzler, für den größten Führer aller Zeiten. Kaum einer dachte daran, dass das Tausendjährige Reich nur zwölf Jahre bestehen würde.

Nachdem 1945 alles in Scherben lag, gehörte nicht die ganze Welt Deutschland (wie es in einem bekannten Nazilied vorausgesungen wurde), sondern Deutschland gehörte den Alliierten. Deutschland war in vier Zonen geteilt. Freizügigkeit gab es nicht. Dieses Menschenrecht galt damals bei den Alliierten noch nicht. Es galt nicht einmal für die deutschen Emigranten, die wie Gerhart Eisler aus den USA nach Deutschland zurückkehren wollten.

In den USA gab es damals Pläne (z. B. den Morgenthauplan), Deutschland für dauernd in mehrere Staaten aufzuteilen. Diese Pläne gaben Stalin Veranlassung zu seinem oft zitierten Satz: ›Die Hitler kommen und gehen, das deutsche Volk und der deutsche Staat bleiben.‹ Die damals von der UdSSR angestrebte Erhaltung der Einheit Deutschlands kam jedoch nicht zustande.

Deutschland wurde im Ergebnis des 1947 von den USA ausgerufenen Kalten Krieges auf dem Wege über die

Bildung der Bizone, der Trizone, die separate Währungsreform und schließlich die Bildung der Bundesrepublik im Mai 1949 für lange Zeit zweigeteilt. Diese Teilung war, wie die zeitliche Abfolge beweist, nicht das Werk der Kommunisten, sondern das Werk der westlichen Alliierten und Konrad Adenauers. Die Bildung der DDR war eine zeitliche und logische Folge der Bildung der BRD.

Nunmehr existierten zwei deutsche Staaten nebeneinander. Die BRD war jedoch nicht gewillt, die DDR anzuerkennen und mit ihr friedlich zu leben. Sie erhob vielmehr für ganz Deutschland und alle Deutschen den Alleinvertretungsanspruch. Sie verhängte mit Hilfe ihrer Verbündeten über die DDR ein Wirtschaftsembargo und versuchte so, die DDR wirtschaftlich und politisch zu isolieren. Es war eine Politik der nichtkriegerischen Aggression, die die BRD gegen die DDR führte. Es war dies die Form des Kalten Krieges auf deutschem Boden. Es war die Politik, die zur Mauer führte.

Nachdem die BRD der NATO beigetreten war, schloss sich die DDR dem Warschauer Vertrag an. Damit standen sich beide deutsche Staaten als Mitglieder feindlicher Militärbündnisse feindlich gegenüber. Die BRD war der DDR nach der Zahl ihrer Bevölkerung, nach ihrer Wirtschaftskraft und nach ihren politischen und ökonomischen Verbindungen in vielfacher Hinsicht überlegen. Die BRD hatte durch den Marshallplan und durch geringere Reparationsleistungen weniger an den Kriegsfolgen zu tragen. Sie hatte mehr Naturreichtümer und ein größeres Territorium. Sie nutzte diese vielfache Überlegenheit gegenüber der DDR in jeder Hinsicht, besonders aber dadurch aus, dass sie DDR-Bürgern materielle Vorteile versprach, wenn sie ihr Land verließen.

Viele DDR-Bürger erlagen dieser Versuchung und taten das, was die Politiker der BRD von ihnen erwarteten: Sie ›stimmten mit den Füßen ab‹. Der wirtschaftliche Erfolg verlockte die Deutschen nach 1945 nicht weniger, als er sie nach 1933 verlockt hatte.

Die DDR und die mit ihr verbündeten Staaten des Warschauer Vertrages gerieten in eine schwierige Situation. Die Politik des Rollback schien in Deutschland zum Erfolg zu führen. Die NATO schickte sich an, ihren Einflussbereich bis an die Oder zu erweitern.

Durch diese Politik entstand 1961 eine Spannungssituation in Deutschland, die den Weltfrieden gefährdete. Die Menschheit stand am Rande eines Atomkrieges. In dieser Situation also beschlossen die Staaten des Warschauer Vertrages den Bau der Mauer.

Niemand fasste diesen Entschluss leichten Herzens. Er trennte nicht nur Familien, sondern er war auch ein Zeichen einer politischen und wirtschaftlichen Schwäche des Warschauer Vertrages gegenüber der NATO, die nur mit militärischen Mitteln ausgeglichen werden konnte.

Bedeutende Politiker außerhalb Deutschlands, aber auch in der BRD, erkannten nach 1961 an, dass der Bau der Mauer die Weltlage entspannt hatte.

Franz Josef Strauß schrieb in seinen Erinnerungen[2]: ›Mit dem Bau der Mauer war die Krise, wenn auch in einer für die Deutschen unerfreulichen Weise, nicht nur aufgehoben, sondern eigentlich auch abgeschlossen.‹ (S. 390) Vorher hat er über den geplanten Atombombenabwurf im Gebiet der DDR berichtet. (S. 388)

Aus meiner Sicht hätte es weder den Grundlagenvertrag noch Helsinki noch die Einheit Deutschlands gegeben, wenn damals die Mauer nicht gebaut oder wenn sie vor der Beendigung des Kalten Krieges abgerissen worden wäre. Deswegen meine ich, dass ich genauso wie meine Genossen nicht nur keine juristische, sondern auch keine politische und keine moralische Schuld auf mich geladen habe, als ich zur Mauer Ja sagte und dabei blieb.

Es ist in der Geschichte Deutschlands sicher nur am Rande zu vermerken, dass viele Deutsche sowohl aus dem Westen wie aus dem Osten sich die Mauer wiederwünschen.[3]

Fragen muss man aber auch, was geschehen wäre, wenn wir uns so verhalten hätten, wie das die Anklage als selbstverständlich voraussetzt. Das heißt, wenn wir die Mauer nicht gebaut, die Ausreise aus der DDR jedem zugebilligt und damit freiwillig die DDR schon 1961 aufgegeben hätten. Man muss nicht spekulieren, um sich die Ergebnisse einer solchen Politik vorzustellen. Man muss nur wissen, was 1956 in Ungarn und 1968 in der CSSR geschehen ist. Genauso wie dort hätten auch 1961 in der DDR die ohnehin anwesenden sowjetischen Truppen interveniert. Auch in Polen rief 1981 Jaruzelski das Kriegsrecht aus, um eine solche Intervention zu verhindern.

Eine derartige Zuspitzung der Ereignisse, wie sie von der Anklage als selbstverständliche politische, moralische und juristische Aktion von uns verlangt wird, hätte das Risiko eines Dritten Weltkrieges bedeutet. Dieses Risiko wollten, konnten und durften wir nicht eingehen. Wenn das in Ihren Augen ein Verbrechen ist, so werden Sie sich vor der Geschichte mit Ihrem Urteil selbst richten.

Das wäre an sich nicht bedeutungsvoll. Bedeutungsvoll ist jedoch, dass Ihr Urteil ein Signal sein wird, das die alten Fronten neu aufreißt, statt sie zu schließen. Sie demonstrieren damit im Angesicht eines drohenden ökologischen Kollapses der Welt die alte Klassenkampfstrategie der 30er Jahre und die Machtpolitik, die Deutschland seit dem Eisernen Kanzler berühmt gemacht hat.

Wenn Sie uns wegen unserer politischen Entscheidung von 1961 bis 1989 verurteilen, und ich gehe davon aus, dass Sie das tun werden, so fällen Sie Ihr Urteil nicht nur ohne rechtliche Grundlage, nicht nur als ein parteiisches Gericht, sondern auch unter völliger Außerachtlassung der politischen Gepflogenheiten und Verhaltensweisen derjenigen Länder, die als Rechtsstaaten Ihren höchsten Respekt genießen. Ich will und kann in diesem Zusammenhang nicht alle Fälle aufzählen, in denen politische Entscheidungen Menschenleben gefordert haben, weil ich Ihre Zeit und Ihre Sensibilität nicht überstrapazieren will. Auch kann ich mich nicht mehr an alles erinnern. Nur Folgendes will ich erwähnen:

1961 entschied der damalige Präsident der USA, Kennedy, Truppen nach Vietnam zu entsenden, um anstelle der besiegten Franzosen Krieg gegen die um ihre Freiheit, ihre Unabhängigkeit und ihr Selbstbestimmungsrecht kämpfenden Vietnamesen zu führen. Diese Entscheidung des Präsidenten der USA, die eine eklatante Verletzung der Menschenrechte und des Völkerrechts beinhaltete, wurde von der Regierung der BRD in keiner Form kritisiert. Die Präsidenten der USA, Kennedy, Johnson und Nixon wurden vor kein Gericht gestellt, auf ihre Ehre fiel, zumindest wegen dieses Krieges, kein Schatten. Dabei hatte kein US-amerikanischer und kein vietnamesischer Soldat die Freiheit zu entscheiden, ob er sich wegen dieses ungerechten Krieges in Lebensgefahr begeben will oder nicht.

1982 setzte England Truppen gegen Argentinien ein, um die Falklandinseln als Kolonie für das Empire zu erhalten. Die ›Eiserne Lady‹[4] sicherte sich damit einen Wahlsieg, und ihr Ansehen wurde dadurch, auch nachdem sie abgewählt worden ist, nicht beschädigt. Von Totschlag keine Rede.

1983 befahl US-Präsident Reagan seinen Truppen die Besetzung von Grenada. Niemand genießt in Deutschland höheres Ansehen als dieser Präsident der USA. Keine Frage, dass die Opfer dieses Unternehmens rechtens zu Tode gekommen sind.

1986 ließ Reagan die Städte Tripolis und Bengasi in einer Strafaktion bombardieren, ohne zu fragen, ob seine Bomben Schuldige oder Unschuldige trafen.

1989 ordnete US-Präsident Bush an, General Noriega aus Panama mit Waffengewalt zu entführen. Tausende unschuldige Panamesen wurden dabei getötet. Wiederum fiel auf den Präsidenten der USA kein Makel, geschweige denn, dass er wegen Totschlags oder Mordes angeklagt wurde.

Die Aufzählung ließe sich beliebig erweitern. Von dem Verhalten Englands in Irland überhaupt nur zu sprechen, dürfte als unanständig gelten.

Nach dem, was Waffen aus der Bundesrepublik Deutschland unter türkischen Kurden oder der schwarzen Bevölkerung Südafrikas anrichten, werden zwar rhetorische Fragen gestellt, doch niemand zählt die Toten, und niemand nennt die Schuldigen.

Ich habe hier nur die als besonders rechtsstaatlich anerkannten Staaten mit nur einigen ihrer politischen Entscheidungen aufgezählt. Jeder kann vergleichen, wie sich diese Entscheidungen zu der Entscheidung verhalten, an der Grenze des Warschauer Vertrages und der NATO eine Mauer zu errichten.

Sie werden sagen, dass Sie über die Handlungen in anderen Ländern nicht entscheiden können und dürfen. Sie werden sagen, dass Sie dies alles nicht interessiert. Doch ich meine, das Urteil der Geschichte über die DDR kann nicht gefällt werden, ohne dass die Ereignisse Berücksichtigung finden, die sich in der Zeit der Existenz der DDR aufgrund der Auseinandersetzung zwischen den beiden Blöcken in anderen Ländern abspielten. Ich meine darüber hinaus auch, dass politische Handlungen nur aus dem Geist ihrer Zeit zu beurteilen sind. Wenn Sie die Augen davor verschließen, was von 1961 bis 1989 in der Welt außerhalb Deutschlands passierte, können Sie kein gerechtes Urteil fällen.

Auch wenn Sie sich auf Deutschland beschränken und die politischen Entscheidungen in beiden deutschen Staaten einander gegenüberstellen, würde eine ehrliche und objektive Bilanz zugunsten der DDR ausfallen. Wer seinem Volk das Recht auf Arbeit und das Recht auf Wohnung verweigert, wie das in der BRD der Fall ist, nimmt in Kauf, dass zahlreichen Menschen ihre Existenz genommen wird und sie keinen anderen Ausweg sehen, als aus dem Leben zu scheiden.

Arbeitslosigkeit, Obdachlosigkeit, Drogenmissbrauch, Beschaffungskriminalität, Kriminalität überhaupt sind alle das Ergebnis der Entscheidung für die soziale Marktwirtschaft. Selbst anscheinend so politisch neutrale Entscheidungen wie die Geschwindigkeitsbegrenzung auf Autobahnen sind Folgen einer Staatsverfassung, in der nicht die frei gewählten Politiker, sondern die nicht gewählten Wirtschaftsbosse das Sagen haben.

Wenn die Abteilung Regierungskriminalität des Generalstaatsanwalts beim Kammergericht ihre Aufmerksamkeit einmal hierauf richten würde, hätte ich bald die Möglichkeit, den Repräsentanten der Bundesrepublik Deutschland wieder wie früher die Hand zu schütteln – diesmal allerdings in Moabit.

Das wird natürlich nicht geschehen, weil die Toten der Marktwirtschaft alle rechtens ihr Leben verloren.

Ich bin nicht derjenige, der die Bilanz der Geschichte der DDR ziehen kann. Die Zeit dafür ist noch nicht gekommen. Die Bilanz wird später und von anderen gezogen werden. Ich habe für die DDR gelebt. Ich habe einen beträchtlichen Teil der Verantwortung für ihre Geschichte getragen. Ich bin also befangen und darüber hinaus durch Alter und Krankheit geschwächt.

Dennoch habe ich am Ende meines Lebens die Gewissheit, die DDR wurde nicht umsonst gegründet. Sie hat ein Zeichen gesetzt, dass Sozialismus möglich und besser sein kann als Kapitalismus. Sie war ein Experiment, das gescheitert ist.

Doch noch nie hat die Menschheit wegen eines gescheiterten Experiments die Suche nach neuen Erkenntnissen und Wegen aufgegeben. Es ist nun zu prüfen, warum das Experiment scheiterte.

Sicher scheiterte es auch, weil wir, ich meine damit die Verantwortlichen in allen sozialistischen Ländern, vermeidbare Fehler begangen haben.

Sicher scheiterte es in Deutschland unter anderem auch deswegen, weil die Bürger der DDR wie andere Deutsche vor ihnen eine falsche Wahl trafen, und weil unsere Gegner noch übermächtig waren.

Die Erfahrungen aus der Geschichte der DDR werden mit den Erfahrungen aus der Geschichte der anderen sozialistischen Länder für die Millionen in den noch existierenden sozialistischen Ländern und für die Welt von morgen insgesamt nützlich sein. Wer seine Arbeit und sein Leben für die DDR eingesetzt hat, hat nicht umsonst gelebt.

Immer mehr ›Ossis‹ werden erkennen, dass die Lebensbedingungen in der DDR sie weniger deformiert haben, als die ›Wessis‹ durch die ›soziale‹ Marktwirtschaft deformiert worden sind, dass die Kinder in der DDR in Krippen, in Kindergärten und Schulen sorgloser, glücklicher, gebildeter und freier aufwuchsen als die Kinder in den von Gewalt beherrschten Schulen, Straßen und Plätzen der BRD.

Kranke werden erkennen, dass sie in dem Gesundheitswesen der DDR trotz technischer Rückstände Patienten und nicht kommerzielle Objekte für das Marketing von Ärzten waren.

Künstler werden begreifen, dass die angebliche oder wirkliche DDR-Zensur nicht so kunstfeindlich war wie die Zensur des Marktes. Staatsbürger werden spüren, dass die DDR-Bürokratie plus Jagd auf knappe Waren nicht so viel Freizeit erforderte wie die Bürokratie der BRD. Arbeiter und Bauern werden erkennen, dass die BRD ein Staat der Unternehmer (sprich Kapitalisten) ist und dass die DDR sich nicht ohne Grund einen Arbeiter-und-Bauern-Staat nannte. Frauen werden die Gleichberechtigung und das Recht, über ihren Körper selbst zu bestimmen, die sie in der DDR hatten, jetzt höher schätzen.

Viele werden nach der Berührung mit dem Gesetz und dem Recht der BRD mit Frau Bohley[5], die uns Kommunisten verdammt, sagen: ›Gerechtigkeit haben wir gewollt. Den Rechtsstaat haben wir bekommen.‹

Viele werden auch begreifen, dass die Freiheit, zwischen CDU/CSU, SPD und FDP zu wählen, nur eine scheinbare Freiheit bedeutet. Sie werden erkennen, dass sie im täglichen Leben, insbesondere auf ihrer Arbeitsstelle, in der DDR ein ungleich höheres Maß an Freiheit hatten, als sie es jetzt haben.

Schließlich werden die Geborgenheit und Sicherheit, die die kleine und im Verhältnis zur BRD arme DDR ihren Bürgern gewährte, nicht mehr als Selbstverständlichkeit missachtet werden, weil der Alltag des Kapitalismus jetzt jedem deutlich macht, was sie in Wahrheit wert sind.

Die Bilanz der 40-jährigen Geschichte der DDR sieht anders aus, als sie von den Politikern und Medien der BRD dargestellt wird. Der wachsende zeitliche Abstand wird das immer deutlicher machen. Der Prozess gegen uns Mitglieder des Nationalen Verteidigungsrates der DDR soll ein Nürnberger Prozess[6] gegen Kommunisten werden. Dieses Unternehmen ist zum Scheitern verurteilt. In der DDR gab es keine Konzentrationslager, keine Gaskammern, keine politischen Todesurteile, keinen Volksgerichtshof, keine Gestapo, keine SS. Die DDR hat keinen Krieg geführt und keine Kriegs- oder Verbrechen gegen die Menschlichkeit begangen. Die DDR war ein konsequent antifaschistischer Staat, der wegen seines Eintretens für den Frieden hohes internationales Ansehen besaß.

Der Prozess gegen uns als die ›Großen‹ der DDR soll dem Argument entgegengesetzt werden, ›die Kleinen hängt man, und die Großen lässt man laufen‹. Das Urteil über uns soll damit den Weg völlig frei machen, um auch die ›Kleinen‹ zu hängen. Schon bisher hat man sich allerdings hierbei wenig Zwang auferlegt[7].

Der Prozess soll die Grundlage für die Brandmarkung der DDR als ›Unrechtsstaat‹ bilden. Ein Staat, der von solchen ›Verbrechern‹ wie uns ›Totschlägern‹ regiert wurde, kann nur ein ›Unrechtsstaat‹ sein. Wer ihm nahestand, wer ein pflichtbewusster Bürger der DDR war, soll mit einem Kainszeichen gebrandmarkt werden.

Ein Unrechtsstaat kann natürlich nur von ›verbrecherischen Organisationen‹ wie dem MfS, der SED usw. geführt und gestützt worden sein. Kollektivschuld und kollektive Verurteilung sollen an die Stelle individueller Verantwortlichkeit treten, um das Fehlen von Beweisen für die behaupteten Verbrechen zu verschleiern. Pfarrer aus der

Michail S. Gorbatschow mit seiner Frau Raissa vor dem Brandenburger Tor, 26. April 1986

DDR geben ihre Namen für eine neue Inquisition, für eine moderne Hexenjagd. Millionen werden so gnadenlos ausgegrenzt, aus der Gesellschaft ausgestoßen.[8] Vielen werden die Existenzmöglichkeiten bis aufs Äußerste eingeschränkt. Es reicht, als IM registriert worden zu sein, um den bürgerlichen Tod zu erleiden. Der Journalist als Denunziant wird hoch gelobt und reich entlohnt, nach seinem Opfer fragt niemand. Die Zahl der Selbstmorde ist tabu. Das alles unter einer Regierung, die sich christlich und liberal nennt, sowie mit Duldung, ja sogar Unterstützung einer Opposition, die diesen Namen ebenso wenig verdient wie die Bezeichnung ›sozial‹.

Das alles geschieht mit dem selbst verliehenen Gütesiegel des Rechtsstaats.

Der Prozess offenbart seine politische Dimension auch als Prozess gegen Antifaschisten. Zu einer Zeit, in der der rechte Mob ungestraft auf den Straßen tobt, Ausländer verfolgt und wie in Mölln ermordet werden, zeigt der Rechtsstaat seine ganze Kraft bei der Verhaftung demonstrierender Juden und eben bei der Verfolgung von Kommunisten. Hier fehlt es auch nicht an Beamten und Geld. Das alles hatten wir schon einmal.

Resümiert man den politischen Gehalt dieses Prozesses, so stellt er sich als Fortsetzung des Kalten Krieges, als Negierung des neuen Denkens dar. Er enthüllt den wahren politischen Charakter dieser Bundesrepublik. Die Anklage, die Haftbefehle und der Beschluss des Gerichts über die Zulassung der Anklage sind geprägt vom Geist des Kalten Krieges. Die Präjudizien zu den Gerichtsentscheidungen gehen auf das Jahr 1964 zurück. Die Welt hat sich seitdem geändert, aber die deutsche Justiz führt politische Prozesse, als regiere noch Wilhelm II. Sie hat die vorübergehende politische ›Schwäche‹, die sie nach 1968 überfiel, wieder überwunden und ihre alte antikommunistische Hochform wieder gewonnen. Uns schalt man ›Betonköpfe‹ und warf uns Reformunfähigkeit vor.

In diesem Prozess wird demonstriert, wo die Betonköpfe herrschen, und wer reformunfähig ist. Nach außen ist man zwar äußerst geschmeidig, wird Gorbatschow die Ehrenbürgerwürde von Berlin verliehen, wird gnädig verziehen, dass er einst die sogenannten Mauerschützen durch einen Eintrag in ihr Ehrenbuch belobigte[9], aber nach innen ist man ›hart wie Kruppstahl‹. Den einstigen Verbündeten von Gorbatschow gewährt man demgegenüber weder Recht noch Gnade.

Gorbatschow und ich gehörten beide der kommunistischen Weltbewegung an. Es ist bekannt, dass wir in einigen wesentlichen Punkten verschiedener Meinung waren. Doch unsere Differenzen waren aus meiner damaligen Sicht geringer als unsere Gemeinsamkeiten. Ich hoffe, dass das noch heute so ist. Mich hat der Bundeskanzler nicht mit Goebbels verglichen[10], und ich hätte ihm das auch nicht verziehen. Weder für den Bundeskanzler noch für Gorbatschow ist dieses Strafverfahren ein Hindernis für ihre Duzfreundschaft. Auch das ist kennzeichnend.

Ich bin am Ende.

Tun Sie, was Sie nicht lassen können.«[11]

Anmerkungen

1 Enno von Loewenstern (1928-1993), konservativer Journalist, u. a. Chefredakteur der Tageszeitung *Die Welt*, der Nachruf des *Focus* bezeichnete ihn als »sprachvirtuosen Rechtsausleger«.

2 Franz Josef Strauß: »Die Erinnerungen. postum«. Berlin 1989

3 »23 Prozent der Ostdeutschen und 24 Prozent der Westdeutschen finden, es sei ›manchmal wünschenswert, es gäbe die Mauer noch‹. Das ermittelte das Meinungsforschungsinstitut Emnid«, berichtete am 15. März 2010 der *Focus*. »15 Prozent (Ost) und 16 Prozent (West) finden sogar: ›Etwas Besseres könnte gar nicht passieren.‹«

4 Margaret Thatcher, von 1979 bis 1990 britische Premierministerin. Der Falklandkrieg brachte ihr einen Popularitätsschub. Nachdem die USA, die der Entsendung britischer Soldaten zur Rückeroberung der Falklandinseln zunächst ablehnend gegenübergestanden hatten, Thatchers Rückeroberungspolitik logistisch unterstützten, folgte sie in anderen außenpolitischen Fragen der Linie der USA, sowohl im NATO-Doppelbeschluss als auch in der Haltung zu Libyen, heißt es bei *Wikipedia.*

5 Die Bürgerrechtlerin Bärbel Bohley (1945-2010) kleidete ihre Enttäuschung über die deutsche Einheit in den Satz: »Wir wollten Gerechtigkeit und bekamen den Rechtsstaat.«

6 Anspielung auf die nach 1945 von einem Internationalen Militärtribunal geführten Prozesse gegen Protagonisten des Dritten Reiches wegen Nazi- und Kriegsverbrechen

7 Zwischen 1991 und 2004 wurden entsprechende Verfahren unter der Bezeichnung »Mauerschützenprozesse« in Berlin, Potsdam und Neuruppin geführt. In diesen 112 Verfahren gegen 246 Personen wurde nahezu jeder zweite Angeklagte freigesprochen, 132 erhielten Bewährungs- oder Freiheitsstrafen

8 Ein Konservativer hatte auf den traditionellen Treffen der CSU-Führung in Wildbad Kreuth zu Beginn des Jahres 1991 unter Zeugen erklärt: »Wir werden sie nicht in Lager sperren, das haben wir nicht nötig. Wir werden sie an den sozialen Rand drängen.«

9 Anspielung auf die Eintragung des KPdSU-Generalsekretärs Gorbatschow ins Gästebuch der Grenztruppen der DDR am 26. April 1986:

»Am Brandenburger Tor kann man sich anschaulich davon überzeugen, wie viel Kraft und Heldenmut der Schutz des ersten sozialistischen Staates auf deutschem Boden vor den Anschlägen des Klassenfeindes erfordert. Die Rechnung der Feinde des Sozialismus darf nicht aufgehen. Der Unterpfand dessen sind das unerschütterliche Bündnis der DDR und der UdSSR sowie das enge Zusammenwirken der Bruderländer im Rahmen des Warschauer Vertrages. Ewiges Andenken an die Grenzsoldaten, die ihr Leben für die sozialistische DDR gegeben haben.«

10 Bundeskanzler Kohl hatte 1986 in einem Interview mit dem Nachrichtenmagazin *Newsweek* über Gorbatschow gesgat: »Er ist ein moderner kommunistischer Führer, der sich auf Public Relations versteht. Goebbels, einer von jenen, die für die Verbrechen der Hitler-Ära verantwortlich waren, war auch ein Experte für Public Relations.« Emnid ermittelte in einer Umfrage, deren Ergebnis der *Spiegel* am 10. November 1986 publizierte: »90 von 100 Bundesbürgern halten es für einen Fehler Kohls, den sowjetischen Parteichef Michail Gorbatschow mit Hitlers Propagandaminister Joseph Goebbels zu vergleichen. In dieser Meinung stimmen die Deutschen nahezu unabhängig von ihrer politischen Einstellung überein. 97 Prozent der SPD-Wähler und 95 Prozent der Grün-Wähler aber auch 80 Prozent der CDU/CSU-Wähler erklärten es für falsch, dass sich der Kanzler so äußerte.« Kohl hat sich für diesen beleidigenden und ahistorischen Vergleich nie entschuldigt.

11 Honeckers Rechtsanwalt Friedrich Wolff über Honeckers Vortrag: »Während Honecker seine Erklärung vortrug, war ich zunächst voller Besorgnis, ob es ihm gelingen würde, den Text angemessen zu lesen. Erst allmählich wich diese Besorgnis. Im Saal herrschte gespannte Aufmerksamkeit. Auch das Gericht und die Staatsanwälte waren nach meinem Eindruck gebannt. Die Stille wurde nur durch den demonstrativen Abgang der Nebenklägervertreter und durch gelegentlichen Beifall aus den Reihen der Zuhörer unterbrochen. Nachdem Honecker geendet hatte, erklärte Bräutigam nach kurzer Besinnung: ›Das müssen wir erst verarbeiten‹ und vertagte die Verhandlung auf den 7. Dezember.« Honecker hatte insgesamt 70 Minuten geredet. In der Mitte des Vortrags bat er um eine 20-minütige Pause. Wie er seinen Anwälten später berichtete, hatte er sich hingelegt und sei sofort eingeschlafen. Danach setzte er seine Rede fort. Er zeigte laut RA Wolff »keine Zeichen von Schwäche, Krankheit oder gar Todesnähe«. Wolff und Ziegler suchten nach der Verhandlung Honecker auf. »Er war erleichtert, er hatte getan, was er sich zu tun vorgenommen hatte. Auch aus unserer Sicht war das der Höhepunkt des Verfahrens.«

Götz Aly urteilte anderentags in der *taz* (Ausgabe vom 4. Dezember 1991): »Mit dieser Rede gewann Erich Honecker seine persönliche Ehre zurück.« Anders als die meisten seiner Journalistenkollegen, die sich mehr oder minder abfällig oder einfältig äußerten (Enno von Löwenstern: »Keine Spur von Reue«, Gisela Friedrichsen: »Unsinnig und grotesk«, Catarina Kennedy-Bannier: »Irgendwie möchte man am Ende gar nicht glauben, dass der Erich das wirklich alles selber gedichtet haben soll, wie sein Verteidiger Wolff beteuert.«), wertete Aly die Rede differenziert: »Viele gestrige Einschätzungen des ehemaligen Staatsrats- und Parteivorsitzenden mögen irrig oder halbwahr sein, doch wird darüber nicht die Justiz, sondern die kritische Zeitgeschichtsforschung der nächsten Jahrzehnte befinden müssen. Dennoch: Erich Honecker wahrte seine Chance.« Bezüglich der Justiz stand Alys Urteil jedoch fest: »Zweifelsohne ist das Strafverfahren gegen Erich Honecker kein einfacher Kriminalprozess, sondern zwangsläufig ein politischer Prozess.« Und fügte nachdenklich hinzu: »Ein solcher politischer Prozess erfordert eine gesellschaftliche und demokratische Glaubwürdigkeit, die die Bundesrepublik in diesem Jahr einbüßte und dies ausgerechnet als Folge der Überwindung der deutschen Teilung, deren Zementierung Gegenstand des Prozesses ist.«

4. Dezember

Wieder ärztliche Untersuchung. Heute war ich zur Computertomographie, vor drei Tagen zur Sonographie. Es sieht nicht gut aus.[1]

Anmerkung

1 Die Befunde wurden von Prof. Taenzer direkt dem Gericht zugeleitet. Richter Bräutigam teilte am Rande der Verhandlung am 7. Dezember, auf der Heinz Keßler seine Erklärung verlesen hatte, diesem mit, er müsse damit rechnen, der Hauptangeklagte zu werden. Honeckers Verteidiger schlossen daraus, dass Bräutigams Bemerkung dessen Reflex auf die desaströsen medizinischen Befunde ihres Mandanten seien und folglich Honeckers Entlassung unmittelbar bevorstünde.
Heinz Keßler, Armeegeneral und Verteidigungsminister der DDR von 1985 bis 1989, gehörte dem Politbüro und dem Nationalen Verteidigungsrat an. Seit den 40er Jahren war der gebürtige Chemnitzer mit Honecker befreundet.

14. Dezember

Fritz Streletz[1] wurde heute vernommen. Er war gut. Sogar die Staatsanwälte zeigten sich beeindruckt.

Anmerkung

1 Fritz Streletz, Generaloberst der NVA und Stellvertretender Verteidigungsminister, war von 1971 bis 1989 Sekretär des Nationalen Verteidigungsrates. Nach 28 Monaten in Untersuchungshaft in der JVA Moabit wurde er am 2. Februar 1992 angeklagt. Am 16. September 1993 wurde er wegen Anstiftung zum Totschlag zu einer Haftstrafe von fünf Jahren und sechs Monaten verurteilt, die er bis zum 25. Oktober 1997 absaß.

15. Dezember

Die Anwälte informierten mich, dass das medizinische Gutachten heute dem Gericht zur Kenntnis gegeben worden ist.[1]

Anmerkung

1 Prof. Schneider erstattete sein Gutachten unter Hinzuziehung von Prof. Taenzer, Prof. Kirstaedter und Dr. Platz. Im Wesentlichen bestätigte es die bisherigen Gutachten. Kirstaedter wurde darin mit der Feststellung zitiert: »Die Lebenserwartung mag bei aller Schwierigkeit der Einschätzung einer solchen Frage ab 4.12.92 bei 3 bis 6 Monaten liegen.« Abschließend kam Professor Schneider zu dem Ergebnis: »Bei Herrn Erich Honecker besteht ein Zustand, wo sich Leben und Sterben überlappen, wobei der Vorgang des Sterbens nunmehr mehr Gewicht bekommt, zumindest, wenn man unterstellt, dass das Tumorwachstum in der bisherigen Geschwindigkeit fortschreitet. An einer solchen Annahme ist aufgrund des jetzigen Verlaufs nicht ernsthaft zu zweifeln. Eine Haftverschonung könnte vielleicht dazu führen, dass noch gewisse Reserven freigesetzt werden. Der vorgegebene Krankheitsverlauf dürfte dadurch aber kaum in entscheidender Weise zu beeinflussen sein. Die Frage nach der Haftfähigkeit wird hiervon natürlich nicht in gleichem Maße berührt. Herr Honecker ist nach dem zuvor Gesagten weiter haftfähig, wobei man natürlich sagen muss, dass Patienten im fortgeschrittenen Krebsstadium einer zunehmenden psychosozialen Betreuung bedürfen. Es stellt sich die Frage, ob dies von den Ärzten im Haftkrankenhaus und ihren Mitarbeitern geleistet werden kann.«
Obgleich diese Frage so wenig beantwortet wurde wie die nach der Haftentlassung Honeckers bereiteten seine Anwälte die Ausreise vor. RA Ziegler bemühte sich um einen Pass, RA Becker schrieb am gleichen Tag an den Innensenator und bat um Personenschutz für den Weg zum Flughafen Tegel, RA Wolff kümmerte sich um das Ticket und die Reisebegleitung.

17. Dezember

In nichtöffentlicher Sitzung wurde über das Gutachten verhandelt. Ich habe dem Vorschlag meiner Anwälte zugestimmt, dass sie beantragen, mein Verfahren von dem meiner mitangeklagten Genossen abzutrennen. Dann kann mein Prozess, so sagten sie, per Urteil beendet, also eingestellt werden. Mich stört dieses Vorgehen, aber so sind nun mal die Spielregeln. Auch die Begründung[1] gefällt mir nicht.

Die Entscheidung soll erst am 21. Dezember fallen. Die Vertagung wurde auch damit begründet, dass das Gericht erst über verschiedene Anträge entscheiden muss.[2]

Anmerkungen

1 »Eine Fortführung des Prozesses gegen Erich Honecker würde«, so argumentierten die Anwälte, »auch einen Verstoß gegen dessen Menschenwürde bedeuten. Zur Menschenwürde eines Sterbenden gehört das Recht, sich von der Öffentlichkeit, von ihm fern stehenden Menschen zurückziehen zu dürfen. Dieses Recht ist mit einem öffentlichen Prozess unvereinbar. Eine Fortführung der öffentlichen Hauptverhandlung würde seine Menschenwürde verletzen.«

2 Noch vor Verhandlungsbeginn am 21. Dezember sollte Erich Honecker von einem Wachtmeister eine neue Anklage übergeben werden. Der Vorwurf lautete auf Untreue und Vertrauensmissbrauch. Das wurde unter anderem von Uwe Wesel als »Coup der Staatsanwaltschaft« bezeichnet. Falls nämlich Honecker am 21. Dezember freikommen würde, wenn das Verfahren – wie beantragt – abgetrennt und beendet werden würde, dann würde dieser Haftbefehl greifen. Dann könne er erst freigelassen werden, wenn auch der neue Haftbefehl aufgehoben würde. »Dafür braucht man ein paar Tage«, so der Berliner Rechtswissenschaftler Wesel.

21. Dezember

Es ist also nur Zirkus[1]. Ich weiß nicht, was das noch werden soll. Die Anwälte geben sich optimistisch. Das sind sie seit August. Aber wie sich immer wieder zeigt: unbegründet. Die Hoffnung, dass heute der Haftbefehl aufgehoben werde, zerschlug sich. Nach etwa zweieinhalb Stunden hieß es: Das Verfahren gegen Erich Honecker wird nicht eingestellt, der Haftbefehl wird nicht aufgehoben, neue Untersuchung im Januar. Die Hauptverhandlung wird auf den 4. Januar 1993 vertagt.

Anmerkungen

1 Es lagen an diesem Verhandlungstag diverse Anträge zur Entscheidung vor. So hatte RA Plöger am 13. Dezember beantragt, »dass dem Angeklagten, Herrn Erich Honecker, aus seiner ›krebsbefallenen Leber‹ eine Gewebeprobe auch gegen dessen Willen zum Zwecke der exakten Bestimmung entnommen wird, ob tatsächlich ein Krebsbefall der Leber vorliegt und ob dieser gutartig oder bösartig ist und um welche Art von Krebsbefall es sich hierbei handeln könnte.« Dieser Antrag wurde ebenso wie Plögers Anträge gegen Bräutigam und die Sachverständigen Taenzer und Rex abgelehnt.
Zudem gab es in der Verhandlungspause einen folgenschweren Zwischenfall. Friedrich Wolff erinnert sich: »Wir warteten vor dem Saaleingang. Ein Wachtmeister teilte mir mit, dass mich Bräutigam zu sprechen wünsche. Ich ging auf ihn zu, und in Gegenwart von Becker erklärte er mir, ein Schöffe wünsche ein Autogramm von Honecker und überreichte mir dazu einen Stadtatlas des VEB Berlin-Tourist.
Ich war überrascht, sah aber keinen Grund zur Ablehnung und versuchte, das kleine grüne Buch ohne Aufsehen in meine Aktentasche zu stecken. Bei mir dachte ich: Selten, dass man sich von Totschlägern Autogramme wünscht, und dann noch als Richter.«
Die Verhandlung wurde fortgesetzt.
Am 23. Dezember machten die RA Ziegler und Becker den Vorgang mit dem Autogrammwunsch öffentlich und erklärten Richter Bräutigam für befangen, RA Plöger hatte den gleichen Antrag gestellt, nachdem er die Übergabe in der Pause gesehen und Bräutigam gefragt hatte, was er da übergeben habe, worauf der Richter erklärte, es habe sich um eine »normale Postsache« gehandelt. Das war eine glatte Lüge.

Am 5. Januar 1993 entschied die Kammer: »In der Strafsache gegen Honecker sind die Ablehnungsgesuche des Angeklagten Honecker gegen den Vorsitzenden Richter am Landgericht Bräutigam vom 23. Dezember 1992 und der Nebenkläger Bittner, Reis und Gross gegen den Vorsitzenden Richter am Landgericht Bräutigam und den Ergänzungsschöffen Kohlus vom 23. Dezember 1992 bzw. 4. Januar 1993 begründet.«
Die Zeit bezeichnete am 8. Januar 1993 Bräutigams Abgang als »ungewöhnlichen Rauswurf erster Klasse«. Dann hieß es weiter: »Richter und Schöffe als Autogrammjäger: Die Posse bildet nur einen der vielen traurigen Höhepunkte in einem nun schon sieben Wochen dahinsiechenden Prozess, der doch Geschichte, zumindest Rechtsgeschichte machen sollte. Und natürlich hat Hansgeorg Bräutigam sein Teil dazu beigetragen, dass das Verfahren zum würdelosen Schauspiel verkommen ist.« Bräutigam habe rasch seine Autorität verspielt. »Seine Fragen waren schlecht vorbereitet; Frechheiten der Anwälte raubten ihm die Fassung; seine Sätze purzelten durcheinander, was ihn noch mehr verbiesterte. Und dann zwei unbegreifliche Fehltritte. Der erste schon ließ ihn straucheln: ein Fernsehinterview (*am 20. Dezember – d. Verl.*) zu einem noch nicht veröffentlichten Gutachten über Honeckers Krankheit. Dessen Verteidiger Nicolas Becker warnte: ›Sie haben sich nicht nur weit aus dem Fenster gelehnt, Sie sind bereits herausgefallen.‹ Aber das Unglück geschah erst, als Bräutigam die Fanpost weitergab.«
Der Beitrag in der *Zeit* endete mit einer prophetischen Feststellung: »Vor ein paar Tagen hat Nicolas Becker den Staatsanwälten gesagt, es sei gut, dass der Prozess protokolliert werde. ›Das werden Dokumente sein, über die Sie einst zutiefst erschrecken werden.‹«

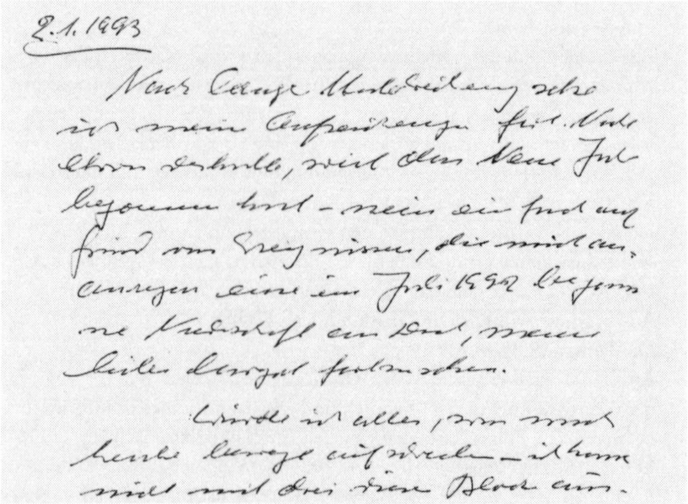
2.1.1993

Erste Seite der Eintragungen vom 2. Januar 1993

2. Januar 1993

Nach langer Unterbrechung setze ich meine Aufzeichnungen fort. Nicht etwa deshalb, weil das neue Jahr begonnen hat – nein, einfach auf Grund von Ereignissen, die mich anregen, meine im Juli 1992 begonnene Niederschrift an Dich, meine liebe Margot, fortzusetzen.

Würde ich alles, was mich heute bewegt, aufschreiben, ich käme nicht mit drei dieser Blöcke aus. Also muss ich versuchen, das Wichtigste zu Papier zu bringen. Dazu hat mich Herr Becker, der mich heute für 45 Minuten besuchte, angeregt, ohne dass er dies weiß, ja auch gar nicht wissen kann, da es eben mich nicht nur seit heute tief bewegt.

In meiner persönlichen Erklärung vom 3. Dezember 1992 habe ich das gesagt, was ich dachte sagen zu müssen. Aber die Welt bleibt ja nicht stehen, jeden Tag kommen neue Fragen, und außerdem hat meine Einlassung, dass ich nicht die Absicht habe, mich vor diesem Gericht zu verbiegen, nicht zur Folge, dass ich zu allem schweige, was die neuen Herren gegenüber der DDR, der Partei und über mich persönlich so loslassen. Dies geht von der russischen Kriegsgefangenschaft bis hin zu überhöhten Strafen bei Ausreisenden durch Gerichte der DDR.

Ich trage persönlich Verantwortung für den »Bau der Mauer«, sagten sie. Ich bin an allem Schuld, was in den letzten 40 Jahren passiert ist. Auf meinen Hinweis auf mein Alter kam die Antwort, das könne nicht sein, ich hätte mich immer im Kreis der hohen Persönlichkeiten bewegt. Von 1950 bis 1958 war ich nur Kandidat des Politbüros – also ohne Stimmberechtigung. Ja, aber ich sei ja Mitglied des Zentralkomitees gewesen.

Ich: ja – aber Mitglieder des Zentralkomitees waren viele. Sollen die auch in den Prozess einbezogen werden?

Die höchste Instanz in der DDR sei doch das »Politbüro« gewesen.

Das stimmt nicht, sagte ich. Die höchste Stelle in der SED war stets das Zentralkomitee. Das kann man im Statut der SED nachlesen. In der Partei das Zentralkomitee, im Staat der Staatsrat, die höchste Instanz in der DDR aber war die Volkskammer. Also eine Diktatur, wie man sie der DDR unterstellt, hat so nicht existiert.

So ging das uferlos weiter.

Die nächste Frage zielte darauf, ich sei überall dabei gewesen. Das stehe in der Anklageschrift, ist aber nicht wahr, sagte ich.

Ich nahm auch nicht an der Sitzung des Politisch Beratenden Ausschusses am 3.-5. August in Moskau teil, obwohl das Gegenteil behauptet wird. Ich war ab Mitte Juli im Urlaub.

Weder im Politbüro noch im Nationalen Verteidigungsrat der DDR ist der Plan zur Grenzschließung in der Nacht vom 12. zum 13. August vorher besprochen worden, es gab nur Informationen zur Sicherung der Staatsgrenze. Alles andere habe ich erst später erfahren.

Vorbereitet haben das Marschall Konew, Tschuikow, Werschinin, Jakubowski, Hoffmann – mehr wisse ich nicht, sagte ich.

Das wolle man mir mal glauben.

Was soll dieses ganze Gerede?

Ich muss für heute Schluss machen, obwohl mir das alles durch den Kopf geht. Auch das Medizinseminar. Auch wenn sie mich aus medizinischen Gründen entlassen sollten – die Beschuldigung wird bleiben.

Dies, und das ist mein Standpunkt, darf so nicht bleiben, es darf so nicht weitergehen. Ich bin gespannt, wie das ausgehen wird.

3. Januar

Es ist Sonntag. Seit gestern, meine Liebe, hat sich nichts ereignet, was hier festgehalten werden müsste. Nur eins ist sicher, wir müssen versuchen, dass der Prozess nicht weiter zu einem medizinischen Seminar verkommt. Es geht nicht um meine Leber, sondern um die Verdammung der DDR. Es geht darum, von der Politik der Bundesrepublik abzulenken, um die weiter wachsenden positiven Gefühle zur DDR zu bekämpfen, in der es im Gegensatz zu heute Arbeit und Brot, mehr Gerechtigkeit, gesellschaftspolitisch und ökologisch neue Wege zur Lösung der Fragen gab, die heute die arbeitenden Menschen und die Menschen, die arbeiten wollen, bedrücken.

Habe den Programmentwurf der PDS zu ihrem Parteitag gelesen. Ich wollte sehen, wie sie zum demokratischen Sozialismus kommen wollen. Was sie sich darunter vorstellen. Die SPD war da schon einmal weiter. Aber das war vor 150 Jahren. Jeder Vergleich wird dies bestätigen, obwohl es heute andere Probleme gibt. Nicht zu verstehen ist, dass man das Gute der Vergangenheit pflegen will, sich aber von den Verbrechen der SED distanziert. Was soll das heißen? Welches Verbrechen hat die SED begangen? Man sollte sich beeilen, diese dem Staatsanwalt zu melden, dass er sie noch mit aufnimmt.

Dazu brauchen sie auch Spinner wie Schürer, Schabowski und Krolikowski. Wahre »Helden«. Sie konnten ja nicht einmal die 50 Milliarden DM[1] richtig einsetzen, damit sie für die DDR was bringen, für den Aufbau des Sozialismus.

Gestern kam die Meldung von dem elektronischen Zaun, den Seiters[2] an der Grenze zu Polen und der Tschechoslowakei aufbauen will – aus, wie es heißt, den Beständen der NVA.

Es ist klar, Grenze ist nicht gleich Grenze. – Der Menschenstrom aus dem Osten und dem Südosten muss aufgehalten werden. Alle finden das in Ordnung. Die meisten finden es ja auch in Ordnung, für die Interessen des Kapitals in den Krieg zu ziehen. Da kann man wirklich nur sagen: Armes Deutschland!

Gestern gab es in Deutschland wieder 7 bis 9 Tote. Es steht die Frage, was mit Deutschland los ist? Sollen künftig Mord und Totschlag das Leben bestimmen? Heute ist der Faschismus in dieser oder jener Form eine Realität. Wer hätte das gedacht, dass alles so schnell geht. Der »große Reformer«[3] kann sich wirklich gratulieren. Der deutsche Imperialismus und Militarismus ist von seinen Fesseln befreit, die der Sieg der Roten Armee ihm damals anlegte. Die ihm dabei geholfen haben, tragen die Verantwortung für die Kriege, die jetzt wieder möglich sind, sei es auf dem Balkan, im Nahen Osten oder in Fernost.

Die Toten von Sarajevo sind wichtig für die Propaganda gegen den Kommunismus.[4]

Ich habe das unangenehme Gefühl, dass alles, was dem deutschen Imperialismus entgegenwirkt, als kommunistisch infiziert hingestellt werden soll. Die BRD ist kein Rechtsstaat, sondern ein Staat der Rechten. Je später dies die Menschen bemerkte, desto besser für diesen »Rechtsstaat«.

Nun, wir werden es sehen. Am Montag, das heißt morgen, soll das Thema ja weitergehen.

So, liebe Margot, jetzt weiß ich, warum mir so komisch ist. Es ist 16 Uhr. Blutdruck 110/60, Puls 84. Du siehst, ich hab mich, was den Blutdruck betrifft, Deiner Marke angenähert. Wie ich befürchte: zu sehr.

Das Buch habe ich weggelegt. Ich halte das Lesen nicht mehr durch. Ein besseres Buch würde da auch nicht helfen. Jetzt drückt mich der Kaffee.

Es scheint mit mir nun doch mit großem Tempo bergab zu gehen. Froh bin ich, dass mein Anwälte das immer wieder klargestellt haben. Aber das »medizinische Seminar«[5] kann alles wieder im Orkus verschwinden lassen. Die Zeit zwischen Weihnachten und Neujahr hat viel zutage gefördert.[6]

Anmerkungen

1 Gerhard Schürer (1921-2010), Chef der Staatlichen Plankommission, hatte in dem nach ihm benannten Bericht Ende Oktober 1989 davon gesprochen, dass die DDR Auslandsverbindlichkeiten in Höhe von etwa 50 Milliarden Valutamark habe, was nachgewiesenermaßen das Zweieinhalbfache der tatsächlichen Verschuldung. In Honeckers Verständnis war offensichtlich diese Summe quasi als Darlehen für sinnlose Anschaffungen verbraucht, um nicht zu sagen: verschleudert, worden.

2 Rudolf Seiters (CDU) war von 1989 bis 1991 Chef des Bundeskanzleramtes, danach (bis 1993) Bundesinnenminister. In dieser Funktion hatte er im Dezember 1992 den Ausbau und die verstärkte Sicherung der deutschen Ostgrenze ankündigt. Damit sollte die illegal Einreise verhindert werden. Die Maßnahme stand im Zusammenhang mit dem sogenannten Asylkompromiss der Bundesregierung vom 6. Dezember 1992. Am 1. November 1994 trat schließlich das neue Bundesgrenzschutz-Gesetz in Kraft, das die Befugnisse des BGS erweiterte und ein effektives Vorgehen gegen illegale Zuwanderung sowie gegen organisierte Schleusertätigkeit erlaubte.

3 Michail S. Gorbatschow

4 Das als kommunistisch verstandene Jugoslawien, eine Föderation mehrerer Bundesstaaten, zerfiel zu Beginn der 90er Jahre. Bosnien-Herzegowina war ein solcher Vielvölkerstaat, der sich 1992 für unabhängig erklärte, Hauptstadt war/ist Sarajevo. Der große Teil der serbischen Bevölkerung war für den Verbleib in der Sozialistischen Föderativen Republik Jugoslawien – sie bestand formal bis zum 26. April 1992 – und plädierte für einen Verbund mit Serbien. In der Folge kam es zu einem Bürgerkrieg und zu ethnischen Säuberungen. Die bosnischen Kroaten wurden dabei von Kroatien und die Serben von der verbliebenen (sozialistischen) Bundesrepublik Jugoslawien unterstützt. Der Krieg sollte über drei Jahre dauern und kostete mehr als 100.000 Menschen das Leben. Die Hauptstadt Sarajevo war in einen von der (demokratischen) Regierung Bosnien und Herzegowina kontrollierten bosniakisch-kroatischen und einen von der Republika Srpska kontrollierten serbischen (sozialistischen) Teil geteilt, die sich gegenseitig beschossen. Der von den Regierungstruppen kontrollierte Teil, zu dem unter anderem das Stadtzentrum und die Altstadt gehörten, wurde genau 1.425 Tage lang von den Truppen der bosnisch-serbischen Armee belagert. Die Belagerung von Sarajevo begann am 5. April 1992. Der Stadtkern von Sarajevo war vollständig umzingelt. Der Belagerung und den Kämpfen fielen nach Angaben der Regierung Bosnien-Herzegowinas 10.615 Menschen aller

Volksgruppen zum Opfer, unter ihnen 1.601 Kinder. Durch Granaten, Minen oder Scharfschützen wurden rund 50.000 Menschen verletzt, teilweise schwer.

5 Offenkundig bezeichnet Honecker das Gericht nur noch als »medizinisches Seminar«.

6 Am 29. Dezember 1992 hatte RA Becker den Erlass einer einstweiligen Anordnung beim Berliner Verfassungsgericht beantragt, verbunden mit einer Verfassungsbeschwerde. »Die Fortführung eines Strafverfahrens und einer Hauptverhandlung gegen einen Angeklagten, von dem mit Sicherheit zu erwarten ist, dass er vor Abschluss der Hauptverhandlung und mithin vor einer Entscheidung über Schuld oder Unschuld sterben wird, verletzt die Menschenwürde des Betroffenen. Die Menschenwürde beinhaltet insbesondere das Recht eines Menschen, in Würde sterben zu dürfen, sich zum Sterben zurückziehen zu dürfen und nur noch mit den von ihm gewünschten Personen zusammen zu sein. Die Tatsache, dass der Beschluss des Landgerichts vom 21.12.1992 bedeutet, dass der Gerichtssaal für den Angeklagten zum Sterbezimmer werden soll, dass eine große Öffentlichkeit an seinem ständigen Schwächerwerden teilhat, er im Sterben noch vor die Öffentlichkeit gezerrt wird und das Strafverfahren zur Strafe verkommt und seines Erkenntnischarakters entkleidet wird, verletzt die Menschenwürde des Angeklagten.«
Am 30. Dezember teilte Oberarzt Dr. Groß vom Krankenhaus der Berliner Vollzugsanstalten der 27. Strafkammer »die letzten medizinischen Befunde von Herrn Honecker« mit. »Eine allmähliche, allgemeine Verschlechterung des Befindens und Kräfteverfall in den letzten zwei Wochen muss von Seiten der behandelnden Ärzte konstatiert werden.«

5. Januar

Gestern habe ich nicht geschrieben.[1] Die ganze Atmosphäre im Gerichtssaal war so drückend und zugleich euphorisch. Staatsanwalt und Verteidiger der »Nebenklage« sind abgestimmt aufgetreten. Alles war gut vorbereitet. Der Staatsanwalt hatte schon eine schriftliche Stellungnahme zur neuesten Entwicklung der Krankheit. Nach der Stellungnahme von Becker und Ziegler wurde die Verhandlung vertagt auf Donnerstag[2].

Nur, was soll dabei herauskommen? Ich wäre froh, wenn das »medizinische Seminar« zu Ende wäre. Das ist ja nicht mehr auszuhalten. Ich weiß nicht, woher ich die Nerven habe, das alles mit anzuhören.

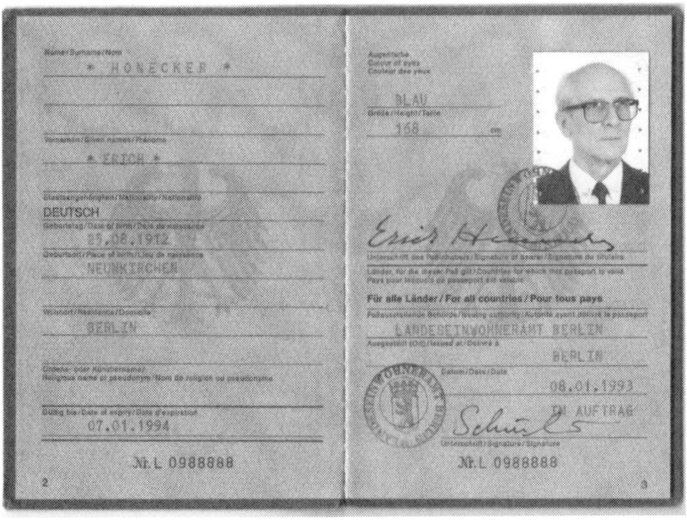

Grüner Pass der Bundesrepublik Deutschland für die Ausreise nach Chile, ausgestellt bereits am 8. Januar 1993

1 Am 4. Januar wurde verhandelt, es war der erste Sitzungstag im neuen Jahr. 14.15 Uhr wurde die Sitzung auf den 7. Januar vertagt. Danach entschied die Kammer, dass »die Ablehnungsgesuche des Angeklagten Honecker gegen den Vorsitzenden Richter« begründet seien, Bräutigam musste den Vorsitz an Hans Boß abgeben.

2 Am 7. Januar 1993 sollte der neue Vorsitzende die Verhandlung eröffnen, als sei nichts gewesen. Zunächst gab er ein Schreiben des Leitenden Arztes des Haftkrankenhauses bekannt. Dr. Rex, der laut eigenem Bekunden »als verantwortlicher behandelnder Arzt die gesundheitliche Entwicklung des Untersuchungsgefangenen vom Augenblick seiner Aufnahme in die JVA Moabit« begleitet habe, hatte am Vortag mitgeteilt: »Während er sich in der Anfangszeit der Untersuchungshaft mit großer Intensität, geradezu Arbeitswut viele Stunden täglich in die Durcharbeitung seiner Prozessakten vertieft und außerdem viele Stunden gelesen hat, fällt jetzt eine hochgradige Erschöpfbarkeit und Konzentrationsschwäche auf. Er beklagt, nicht mehr lesen zu können, weil die o. e. rechtsseitigen Oberbauchschmerzen, deren Intensität und Häufigkeit sowie Dauer des Auftretens sich gesteigert haben, Bewusstsein sowie Empfinden zunehmend beherrschen.
Zu anderen Zeiten könnte er sich nicht konzentrieren, weil er aus ihm wesensfremder Entkräftung und Ermüdung ständig über den Buch- bzw. Aktenseiten einschliefe. Auffällig ist das hohe Maß an Erschöpfung, mit dem er neuerdings jeweils von den Prozessterminen in das Krankenhaus der Berliner Vollzugsanstalten zurückkehrt. Mit ärztlichen Mitteln kann dem nicht gegengesteuert werden.« Es müsse darum »mit an Sicherheit grenzender Wahrscheinlichkeit angenommen werden, dass unbeschadet der Frage der Verhandlungsfähigkeit von der Fortdauer der Untersuchungshaft eine schwere Beeinträchtigung der Gesundheit, nämlich eine Beschleunigung des Krankheitsverlaufs erwartet werden muss.«
Das Gericht beschloss am 7. Januar eine erneute medizinische Untersuchung und legte den neuen Anhörungstermin auf den 14. Januar.

7. Januar

In dieser Nacht habe ich wieder von Dir, liebe Margot, und von Deinem Nest geträumt. Mein Gott, dass das alles so kam. Es ist kaum zu glauben, wie die Menschen manipuliert werden können. Dieser Hexenprozess, diese Sippenhaft. Diese, ich finde kaum Worte, um die Haltung und die Handlungen derer zu beschreiben, die das nicht nur uns, sondern auch dem ganzen Volk zufügen, was sich so täglich tut. Es sind nicht nur die Pharisäer und Schriftgelehrten.[1]

Anmerkung

1 Das ist das letzte Blatt in dem Konvolut der rund 400 Seiten. Die Verhandlung am 7. Januar 1993 endete mit der Verkündung des Beschlusses, das Verfahren gegen Erich Honecker abzutrennen, was eine Vorentscheidung darstellte. RA Friedrich Wolff schrieb: »Honecker verabschiedete sich von seinen Mitangeklagten in dem Bewusstsein, sie nicht mehr wiederzusehen. Der Abschied war allseits herzlich und bewegend.«
Dennoch sollte am Dienstag, dem 12. Januar, eine neue Untersuchung erfolgen. Am Tag zuvor waren die Anwälte Becker und Wolff bei ihrem Mandanten. »Wir erörterten die Situation. Honecker war mut- und lustlos. Er wollte auch keine Briefe an Familie und Freunde mehr schreiben.«
Am Dienstagmorgen war Wolff erneut bei Honecker. Dort erreichte ihn der Anruf seines Kollegen Becker, der ihm mitteilte, »das Verfassungsgericht habe den Beschluss des Kammergerichts vom 28. Dezember und den des Landgerichts vom 21. Dezember aufgehoben und die Sache an das Landgericht zurückverwiesen sowie Einstellung des Verfahrens und Aufhebung des Haftbefehls gefordert. Das war praktisch das Ende des Prozesses.« Und Wolff weiter: »Honecker reagierte in einer Weise, die mich befürchten ließ, er würde die frohe Botschaft nicht überleben.«
»Danach ging alles Schlag auf Schlag. Und dennoch, die Stunden vergingen langsam, die Entlassung ließ auf sich warten, neue Ungewissheit kam auf. Dr. Rex stellte Honecker vorsorglich ein Attest über seine Flugfähigkeit aus. Ich wartete bei ihm in Moabit. Wir unterhielten uns noch einmal über die Moskauer Ereignisse von dem Abflug aus Deutschland bis zur Auslieferung an Deutschland. Irgendwann ließ ich ihn allein«, erinnerte sich Friedrich Wolff.

Am Mittwoch, dem 13. Januar, war Wolff wieder bei Honecker. »Um 10.42 Uhr faxte die 14. Große Strafkammer ihren Beschluss über die Ablehnung der Eröffnung des Hauptverfahrens wegen Vertrauensmissbrauchs in der Zeit von Januar 1972 bis Oktober 1989 sowie über die Aufhebung ihres Haftbefehls. Die Haftanstalt ließ wissen, die Entlassung stehe definitiv fest.
Doch die Gefängnistore öffneten sich für Honecker noch nicht. Schließlich kam die Nachricht, dass er seine persönlichen Sachen in Empfang nehmen solle. Ich begleitete ihn zur Kammer, wo er in Gegenwart des Bediensteten seine Krankenhauskleidung ablegte und seine persönlichen Sachen anzog. Ich stellte mir vor, wie sich wohl andere Staatsoberhäupter in einer entsprechenden Situation verhalten würden. Bei Honecker verlief die Szene ganz natürlich. Gegen 13 Uhr verabschiedeten wir uns. Wir dachten, nun sei endgültig alles geregelt. Hinter den Kulissen wurde jedoch eifrig weiter agiert, um aus der Prozessfarce noch ein deutsches Epos zu machen.
Um 13.46 Uhr faxte mir die 27. Strafkammer den Beschluss, dass den Beschwerden der Staatsanwaltschaft und der Nebenkläger Gross und Reis vom 12. und 13. Januar 1993 nicht abgeholfen und der Antrag der Staatsanwaltschaft auf Erlass eines neuen Haftbefehls abgelehnt werde.
Am späten Nachmittag des 13. Januar rief mich in meinem Büro ein Staatsanwalt, vermutlich Oberstaatsanwalt Brüner, an und erklärte mir, Herr Honecker müsse sich der Hauptverhandlung stellen, das Kammer-

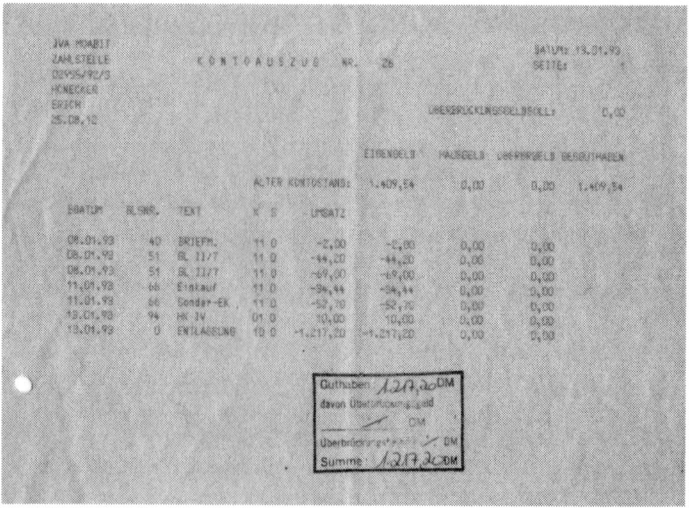
JVA MOABIT
ZAHLSTELLE
02956/92/3
HONECKER
ERICH
25.08.12

KONTOAUSZUG NR. 26

DATUM: 13.01.93
SEITE: 1

UEBERBRUECKUNGSGELDSOLL: 0,00

					EIGENGELD	HAUSGELD	UEBERBRGELD	GESGUTHABEN
				ALTER KONTOSTAND:	1.409,54	0,00	0,00	1.409,54
BDATUM	BLGNR.	TEXT	K S	UMSATZ				
08.01.93	40	BRIEFM.	11 0	-2,00	-2,00	0,00	0,00	
08.01.93	51	BL II/7	11 0	-44,20	-44,20	0,00	0,00	
08.01.93	51	BL II/7	11 0	-69,00	-69,00	0,00	0,00	
11.01.93	66	Einkauf	11 0	-34,44	-34,44	0,00	0,00	
11.01.93	66	Sonder-EK	11 0	-52,70	-52,70	0,00	0,00	
13.01.93	94	HK IV	01 0	10,00	10,00	0,00	0,00	
13.01.93	0	ENTLASSUNG	10 0	-1.217,20	-1.217,20	0,00	0,00	

Guthaben 1.217,20 DM
davon Überbrückungsgeld
— DM
Überbrückungsgeld — DM
Summe 1.217,20 DM

Abschlussrechnung aus der Zahlstelle der JVA Moabit: Von dem privat eingelegten Geld wurden die (verschlüsselten) Ausgaben abgezogen und Erich Honecker bei der Entlassung am 13. Januar 1993 exakt 1.217,20 DM ausgezahlt

gericht hätte den Einstellungsbeschluss des Landgerichts vom Vortag aufgehoben.
In meinem naiven DDR-Juristengemüt konnte ich mir nicht vorstellen, dass da noch rechtsstaatlich etwas laufen könnte, was in die Richtung dieser staatsanwaltlichen Ambitionen ging. Für mich stand fest, Honecker fliegt um 20.25 Uhr nach Chile. Alles andere hielt ich für Spinnerei. Wahrheitsgemäß erklärte ich dem Staatsanwalt, der mich anscheinend zu seinem Vollzugsbeamten machen wollte, ich wisse nicht, wo mein Mandant sei.
Becker erhielt einen ähnlichen Anruf, den er in einer Veröffentlichung im Jahr 1994 so schilderte: ›Noch um 17.30 rief mich ein Staatsanwalt an, berichtete mir, das Kammergericht habe den Einstellungsbeschluss – wegen eines Formfehlers – aufgehoben, jetzt müsse Honecker hierbleiben, da die Einstellung in der Hauptverhandlung verhandelt werden müsse. Aufgeregt wiederholte er immer wieder: ›Jetzt ist er bösgläubig, jetzt ist er bösgläubig.‹ Gemeint war Honecker. Die Staatsanwaltschaft las Honecker sogar telefonisch den Beschluss des Kammergerichts noch auf dem Flughafen vor, aber er interessierte sich nicht mehr für juristische Finessen.‹
Erich Honecker flog planmäßig um 20.25 Uhr von Tegel ab.«
Bei der Vorbereitung des Fluges nach Chile wurden die Anwälte vom Solidaritätskomitee »Erich Honecker« maßgeblich unterstützt, welches sich bereits zu Beginn des Jahres 1990 auf Initiative von Heinz Junge, Werner Zieslak und Gerhard Rolack gegründet hatte. Der Sprecher des Komitees, Klaus Feske, begleitete Erich Honecker auf dem Flug nach Santiago. Die notwendigen Buchungen besorgte das Reisebüro *tuk INTERNATIONAL* und dessen Chef Klaus Eichler.

Nachtrag

Der Berliner Staatsschutz und das Personal der Lufthansa-Maschine, die Honecker von Berlin-Tegel nach Frankfurt brachte, arbeiteten korrekt und professionell. Dennoch befand sich unter seinem Sitz ein Mikrofon und waren Richtmikrofone installiert. In Frankfurt wurde Honecker von uniformierter Polizei in einen besonderen Raum gebracht und informiert, dass fünfzehn Attentatsdrohungen vorlägen.

Zur Maschine nach Chile wurde er im Panzerwagen aufs Rollfeld gefahren. Im Flugzeug wurden zuvor die Passagiere befragt, ob sie mit dem prominenten Mitreisenden einverstanden seien, was objektiv zu einer erhöhten Gefährdung führe. Alle sprachen sich für Honeckers Verbleib in der Maschine aus.

Die Maschine erreichte Chile mit drei Stunden Verspätung, Honecker hatte während des langen Fluges etwa

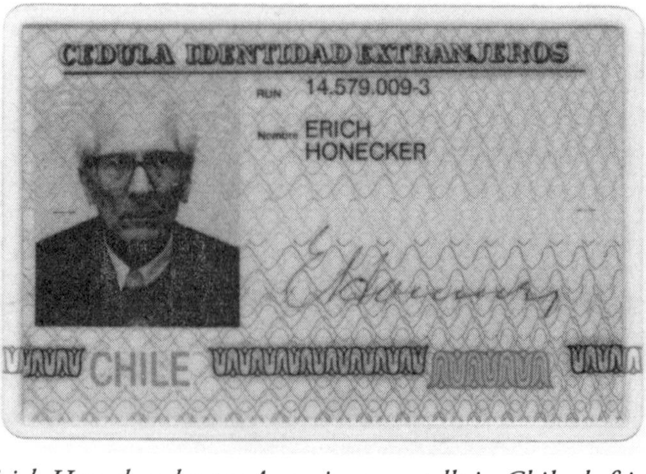

Erich Honeckers letzter Ausweis, ausgestellt in Chile, befristet für ein Jahr

sechs Stunden geschlafen. Bei der ersten Untersuchung in Santiago stellten die chilenischen Ärzte ein weiteres Wachstum des Tumors fest. Eine Operation stellte ein unvertretbar großes Risiko dar. »Lange mache ich nicht mehr«, erklärte er gegenüber Bekannten, die ihn begleiteten.

Unmittelbar nach seiner Ankunft erhielt er ein Schreiben aus Berlin.

»Sehr geehrter Herr Honecker!

In der Strafsache gegen Sie wegen des Verdachts des mehrfachen Totschlags hat das Kammergericht am 13. Januar 1993 die Einstellung des Verfahrens aufgehoben. Der Tenor dieses Beschlusses ist Ihnen noch unmittelbar vor Ihrem Abflug übergeben worden.

Mehrere Prozessbeteiligte haben die Fortsetzung der Hauptverhandlung beantragt. Dementsprechend ist Termin zur Fortsetzung der Hauptverhandlung für den 8. Februar 1993, 9.30 Uhr im Saal 500 des Kriminalgerichts Berlin-Moabit, Turmstr. 91, anberaumt worden.

Für den Fall, dass Sie zu diesem Termin nicht erscheinen sollten und die Kammer Ihr Ausbleiben als eigenmächtig ansehen würde, bestünde die Möglichkeit einer

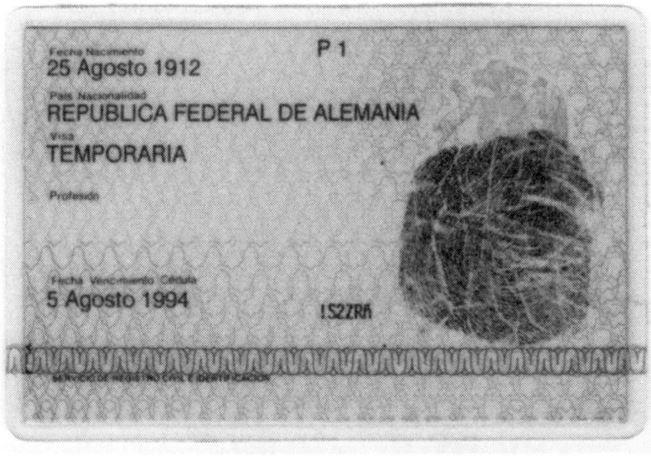

Auf der Rückseite signiert mit einem Daumenabdruck, ohne Angabe einer Profession

Fortsetzung der Hauptverhandlung in Ihrer Abwesenheit bzw. des Erlasses eines erneuten Haftbefehls.

Hochachtungsvoll

Hans Boß«

Am 29. Januar 1993 erklärte Erich Honecker, dass er »definitiv zu diesem Termin nicht erscheinen« werde und verwies auf Befunde sowie den Rat der ihn behandelnden Ärzte.

Erich Honecker starb in seinem Haus am 29. Mai 1994 in Santiago de Chile.

ISBN 978-3-360-01837-3

2. Auflage

Umschlaggestaltung: Buchgut, Berlin, unter Verwendung des Fotos »Honecker beim täglichen Rundgang im Hof der Haftanstalt Moabit 1992«, ullstein bild; Illustrationen aus dem Nachlass von Erich Honecker im Besitz von Margot Honecker; S. 47 und 166: Nachlass Klaus-Dieter Baumgarten, Fotos auf S. 10, 35, 68 und 83 © Robert Allertz
Druck und Bindung: Nørhaven, Viborg

Ein Verlagsverzeichnis schicken wir Ihnen gern:
Das Neue Berlin Verlagsgesellschaft mbH
Neue Grünstraße 18, 10179 Berlin
Tel. 01805/30 99 99 (0,14 Euro/Min., Mobil max. 0,42 Euro/Min.)

Die Bücher der edition ost und des Verlages Das Neue Berlin erscheinen in der Eulenspiegel Verlagsgruppe.

www.edition-ost.de